Paul Verlaine

Poèmes saturniens (1866)
Fêtes galantes (1869)
Romances sans paroles (1874)

Collection dirigée par
Marc Robert

Notes et dossier
Agnès Lepicard
ancienne élève de l'École normale supérieure
agrégée de lettres modernes

Conception graphique de la maquette :
c-album, Jean-Baptiste Taisne, Rachel Pfleger
Principe de couverture : Double
Mise en pages : Chesteroc Ltd
Iconographie : Hatier Illustration
Suivi éditorial : Alice De Wolf

© Hatier Paris, 2012
ISBN : 978-2-218-96219-6

POÈMES SATURNIENS

Les Sages d'autrefois, qui valaient bien ceux-ci,
Crurent, et c'est un point encor mal éclairci,
Lire au ciel les bonheurs ainsi que les désastres,
Et que chaque âme était liée à l'un des astres.
5 (On a beaucoup raillé, sans penser que souvent
Le rire est ridicule autant que décevant,
Cette explication du mystère nocturne.)
Or ceux-là qui sont nés sous le signe SATURNE [1],
Fauve planète, chère aux nécromanciens [2],
10 Ont entre tous, d'après les grimoires [3] anciens,
Bonne part de malheurs et bonne part de bile [4].
L'Imagination, inquiète et débile [5],
Vient rendre nul en eux l'effort de la Raison.
Dans leurs veines le sang, subtil comme un poison,
15 Brûlant comme une lave, et rare, coule et roule
En grésillant leur triste Idéal qui s'écroule.
Tels les Saturniens [6] doivent souffrir et tels
Mourir, — en admettant que nous soyons mortels, —
Leur plan de vie étant dessiné ligne à ligne
20 Par la logique d'une Influence maligne [7].

P. V.

1. *Saturne* : planète considérée comme maléfique dans la tradition astrologique. \ 2. *Nécromanciens* : personnes qui se livrent aux sciences occultes et à la magie. \ 3. *Grimoires* : livres de magie, de sorcellerie. \ 4. *Bile* : dans la médecine antique, la mélancolie était attribuée à un excès de bile noire. \ 5. *Débile* : faible, sans force (latinisme). \ 6. *Les Saturniens* : les mélancoliques, les êtres au tempérament sombre qui se recommandent de Saturne. \ 7. *Maligne* : qui fait du mal à autrui. Le malin désigne le diable.

PROLOGUE

Dans ces temps fabuleux, les limbes de l'histoire [1],
Où les fils de Raghû [2], beaux de fard et de gloire,
Vers la Ganga [3] régnaient leur règne étincelant,
Et, par l'intensité de leur vertu troublant
5 Les Dieux et les Démons et Bhagavat [4] lui-même,
Augustes [5], s'élevaient jusqu'au Néant suprême.
Ah ! la terre et la mer et le ciel, purs encor
Et jeunes, qu'arrosait une lumière d'or
Frémissante, entendaient, apaisant leurs murmures
10 De tonnerres, de flots heurtés, de moissons mûres,
Et retenant le vol obstiné des essaims,
Les Poètes sacrés chanter les Guerriers saints,
Ce pendant que le ciel et la mer et la terre
Voyaient, — rouges et las de leur travail austère, —
15 S'incliner, pénitents fauves et timorés,
Les Guerriers saints devant les Poètes sacrés !
Une connexité [6] grandiosement alme [7]
Liait le Kchatrya [8] serein au Chanteur calme,

---

1. *Limbes de l'histoire* : époques lointaines et mal définies. \ **2.** *Les fils de Raghû* : rois légendaires descendants du soleil dans les épopées indiennes, ancêtres de Rama. Ce poème a été traduit en français en 1859. \ **3.** *La Ganga* : le Gange est le fleuve sacré de l'Inde. Dans « Baghavat », le poème de Leconte de Lisle que Verlaine pastiche, le Gange apparaît personnifié sous les traits d'une déesse. \ **4.** *Bhagavat* : ou *Bhagavant*, un des dix titres honorifiques du Bouddha. Littéralement, cette épithète signifie « bienheureux » ou « béni ». À son culte sont consacrés le *Bhagavadgîtâ* et le *Bhâjavata-Pourâna*. \ **5.** *Augustes* : vénérables. \ **6.** *Connexité* : relation très étroite. \ **7.** *Alme* : vénérable (latinisme). \ **8.** *Kchatrya* : guerrier légendaire dans la mythologie indienne.

Valmiki l'excellent à l'excellent Rama[1] :
20 Telles sur un étang deux touffes de padma[2].

— Et sous tes cieux dorés et clairs, Hellas antique,
De Sparte la sévère à la rieuse Attique[3],
Les Aèdes, Orpheus, Alkaïos[4], étaient
Encore des héros altiers[5], et combattaient.
25 Homéros, s'il n'a pas, lui, manié le glaive,
Fait retentir, clameur immense qui s'élève,
Vos échos jamais las, vastes postérités,
D'Hektôr, et d'Odysseus, et d'Akhilleus[6] chantés.
Les héros à leur tour, après les luttes vastes,
30 Pieux, sacrifiaient aux neuf Déesses chastes[7],
Et non moins que de l'art d'Arès[8] furent épris
De l'Art dont une Palme immortelle est le prix,
Akhilleus entre tous ! Et le Laërtiade[9]
Dompta, parole d'or qui charme et persuade,
35 Les esprits et les cœurs et les âmes toujours,
Ainsi qu'Orpheus domptait les tigres et les ours.

— Plus tard, vers des climats plus rudes, en des ères
Barbares, chez les Francs[10] tumultueux, nos pères,
Est-ce que le Trouvère[11] héroïque n'eut pas

---

1. *Valmiki, Rama* : le poète Valmiki est l'auteur du *Ramayana*, la geste de Rama. Rama est un héros légendaire de l'Inde. \ **2.** *Padma* : lotus rose en Inde. \ **3.** *Hellas, Sparte, Attique* : Sparte est une cité de la Grèce antique (*Hellas*). L'Attique est le nom de la région entourant Athènes. \ **4.** *Les Aèdes, Orpheus, Alkaïos* : les aèdes sont des poètes qui chantent des épopées en s'accompagnant d'un instrument de musique. Homère, Orphée et Alkaïos en sont les plus illustres représentants. \ **5.** *Altiers* : fiers. \ **6.** *Hektôr, Odysseus, Akhilleus* : noms grecs d'Hector, Ulysse et Achille, héros de *L'Illiade* et *L'Odyssée* d'Homère. \ **7.** *Neuf Déesses chastes* : Muses qui présidaient aux arts. \ **8.** *Arès* : Dieu de la guerre dans la mythologie grecque. \ **9.** *Laërtiade* : personnage de *L'Odyssée* d'Homère. \ **10.** *Les Francs* : tribus germaniques qui, à partir du IIIᵉ siècle de notre ère, traversèrent le Rhin, envahirent la Gaule et y fondèrent une monarchie à la fin du Vᵉ siècle. \ **11.** *Trouvère* : poète du Moyen Âge.

40 Comme le Preux sa part auguste[1] des combats ?
Est-ce que, Théroldus ayant dit Charlemagne,
Et son neveu Roland resté dans la montagne,
Et le bon Olivier et Turpin[2] au grand cœur,
En beaux couplets et sur un rythme âpre et vainqueur,
45 Est-ce que, cinquante ans après, dans les batailles,
Les durs Leudes[3] perdant leur sang par vingt entailles,
Ne chantaient pas le chant de geste sans rivaux
De Roland et de ceux qui virent Roncevaux
Et furent de l'énorme et superbe tuerie,
50 Du temps de l'Empereur à la barbe fleurie[4] ?…

— Aujourd'hui, l'Action et le Rêve ont brisé
Le pacte primitif par les siècles usé,
Et plusieurs ont trouvé funeste ce divorce
De l'Harmonie immense et bleue et de la Force.
55 La Force, qu'autrefois le Poète tenait
En bride, blanc cheval ailé qui rayonnait,
La Force, maintenant, la Force, c'est la Bête
Féroce bondissante et folle et toujours prête
À tout carnage, à tout dévastement, à tout
60 Égorgement, d'un bout du monde à l'autre bout !
L'Action qu'autrefois réglait le chant des lyres,
Trouble, enivrée, en proie aux cent mille délires
Fuligineux[5] d'un siècle en ébullition,
L'Action à présent, – ô pitié ! – l'Action,

1. *Auguste* : vénérable. \ 2. *Théroldus, Roland, Olivier, Turpin* : Théroldus ou Turold est l'auteur supposé de *La Chanson de Roland*, poème épique écrit vers la fin du XIe siècle. Cette chanson de geste médiévale met en scène Charlemagne, roi de France, Roland et son compagnon Olivier, et Turpin, archevêque et pair de France qui meurt à la bataille de Roncevaux. \ 3. *Leudes* : à l'époque mérovingienne, les Leudes sont les membres les plus éminents de l'aristocratie. Ils assistent le souverain dans la conduite du royaume. \ 4. *L'Empereur à la barbe fleurie* : Charlemagne. \ 5. *Fuligineux* : noirs comme la suie. Au figuré, qui manquent de clarté, obscurs, confus.

65 C'est l'ouragan, c'est la tempête, c'est la houle
Marine dans la nuit de sans étoiles, qui roule
Et déroule parmi les bruits sourds l'effroi vert
Et rouge des éclairs sur le ciel entr'ouvert !

— Cependant, orgueilleux et doux, loin des vacarmes
70 De la vie et du choc désordonné des armes
Mercenaires, voyez, gravissant les hauteurs
Ineffables[1], voici le groupe des Chanteurs
Vêtus de blanc, et des lueurs d'apothéoses[2]
Empourprent la fierté sereine de leurs poses :
75 Tous beaux, tous purs, avec des rayons dans les yeux,
Et sous leur front le rêve inachevé des Dieux !
Le monde, que troublait leur parole profonde,
Les exile. À leur tour ils exilent le monde !
C'est qu'ils ont à la fin compris qu'il ne faut plus
80 Mêler leur note pure aux cris irrésolus
Que va poussant la foule obscène et violente,
Et que l'isolement sied à leur marche lente.
Le Poète, l'amour du Beau, voilà sa foi,
L'Azur, son étendard, et l'Idéal, sa loi !
85 Ne lui demandez rien de plus, car ses prunelles,
Où le rayonnement des choses éternelles
A mis des visions qu'il suit avidement,
Ne sauraient s'abaisser une heure seulement
Sur le honteux conflit des besognes vulgaires
90 Et sur vos vanités plates ; et si naguères
On le vit au milieu des hommes, épousant
Leurs querelles, pleurant avec eux, les poussant

---

1. *Ineffables* : indicibles, inexprimables. \ **2.** *Apothéoses* : « déifications » en latin. Les poètes
sont ainsi sanctifiés.

Aux guerres, célébrant l'orgueil des Républiques
Et l'éclat militaire et les splendeurs auliques [1]
95 Sur la kithare [2], sur la harpe et sur le luth,
S'il honorait parfois le présent d'un salut
Et daignait consentir à ce rôle de prêtre
D'aimer et de bénir, et s'il voulait bien être
La voix qui rit ou pleure alors qu'on pleure ou rit,
100 S'il inclinait vers l'âme humaine son esprit,
C'est qu'il se méprenait alors sur l'âme humaine.

— Maintenant, va, mon Livre, où le hasard te mène !

1. *Auliques* : qui ont rapport à la Cour, à l'entourage d'un souverain, et plus spécifiquement à la Cour germanique. \ 2. *Kithare* : instrument de musique qui accompagne l'aède dans l'Antiquité grecque.

MELANCHOLIA[1]

I

Résignation

Tout enfant, j'allais rêvant Ko-Hinnor[3],
Somptuosité persane et papale[4],
Héliogabale[5] et Sardanapale[6] !

Mon désir créait sous des toits en or,
Parmi les parfums, au son des musiques,
Des harems[7] sans fin, paradis physiques !

Aujourd'hui, plus calme et non moins ardent,
Mais sachant la vie et qu'il faut qu'on plie,
J'ai dû réfréner ma belle folie,
Sans me résigner par trop cependant.

---

1. *Melancholia* : titre d'une gravure de Dürer (orthographiée *Melencolia I*, voir p. 179) dont Verlaine possédait une reproduction. Victor Hugo est également l'auteur d'un poème intitulé « Melancholia ». \ **2.** *Ernest Boutier* : ami du poète, il présenta Verlaine à son premier éditeur, Alphonse Lemerre. \ **3.** *Ko-Hinnor* : « la montagne de lumière », diamant de 800 carats offert à la reine Victoria en 1859. C'est un joyau de la couronne d'Angleterre. \ **4.** *Papale* : qui appartient au Pape. \ **5.** *Héliogabale* : empereur romain assassiné à l'âge de dix-huit ans en 222, symbole de la folie des grandeurs et du luxe oriental. \ **6.** *Sardanapale* : souverain assyrien mythique qui se serait donné la mort en entraînant avec lui ses femmes dans l'incendie de Ninive, sa capitale. \ **7.** *Harems* : lieux réservés, interdits aux hommes, où habitent les femmes et les concubines.

Soit ! le grandiose échappe à ma dent,
Mais, fi de l'aimable et fi de la lie [1] !
Et je hais toujours la femme jolie,
La rime assonante et l'ami prudent.

II

Nevermore [2]

Souvenir, souvenir, que me veux-tu ? L'automne
Faisait voler la grive à travers l'air atone [3],
Et le soleil dardait [4] un rayon monotone
Sur le bois jaunissant où la brise détone [5].

5   Nous étions seul à seule et marchions en rêvant,
Elle et moi, les cheveux et la pensée au vent.
Soudain, tournant vers moi son regard émouvant :
« Quel fut ton plus beau jour ? » fit sa voix d'or vivant,

Sa voix douce et sonore, au frais timbre angélique.
10   Un sourire discret lui donna la réplique,
Et je baisai sa main blanche, dévotement [6].

– Ah ! les premières fleurs, qu'elles sont parfumées !
Et qu'il bruit [7] avec un murmure charmant
Le premier *oui* qui sort de lèvres bien-aimées !

---

1. *La lie* : le résidu qui se dépose au fond des récipients contenant du liquide fermenté, comme le vin ou le cidre. Par extension, rebut, fraction la plus basse ou la plus vile d'une société. \ **2.** *Nevermore* : « jamais plus » en anglais. Ce titre renvoie au refrain du poème d'Edgar Poe, « The Raven » (« Le Corbeau »), traduit par Baudelaire en 1853. \ **3.** *Atone* : inexpressif, sans vitalité. \ **4.** *Dardait* : lançait (comme un dard ou une flèche). \ **5.** *Détone* : s'écarte du ton, choque, contraste. L'orthographe s'explique par les besoins de la rime. \ **6.** *Dévotement* : religieusement. \ **7.** *Bruit* : fait entendre un son (verbe « bruire »).

III

Après trois ans

Ayant poussé la porte étroite qui chancelle,
Je me suis promené dans le petit jardin
Qu'éclairait doucement le soleil du matin,
Pailletant chaque fleur d'une humide étincelle.

5   Rien n'a changé. J'ai tout revu : l'humble tonnelle[1]
De vigne folle avec les chaises de rotin[2]…
Le jet d'eau fait toujours son murmure argentin
Et le vieux tremble[3] sa plainte sempiternelle.

Les roses comme avant palpitent ; comme avant,
10   Les grands lys orgueilleux se balancent au vent.
Chaque alouette qui va et vient m'est connue.

Même j'ai retrouvé debout la Velléda[4]
Dont le plâtre s'écaille au bout de l'avenue,
– Grêle[5], parmi l'odeur fade du réséda[6].

---

1. *Tonnelle* : petite construction en treillage de bois ou de fer, couvert de végétation et formant abri. \ **2.** *Rotin* : partie de la tige du rotang, palmier d'Inde ou de Malaisie servant à faire des sièges. \ **3.** *Tremble* : peuplier d'Europe dont les feuilles s'agitent au moindre vent. \ **4.** *La Velléda* : statue représentant une prophétesse germanique livrée aux Romains parce qu'elle soutenait, contre l'Empereur Titus (Ier siècle après J.-C.), la révolte des Bataves, peuple germanique habitant la Hollande. Elle apparaît dans *Les Martyrs* de Chateaubriand sous la forme d'une druidesse gauloise amoureuse d'un Romain. Sa statue se trouvait dans l'ancienne Pépinière du Luxembourg, lieu favori des rendez-vous amoureux. \ **5.** *Grêle* : d'une minceur excessive. \ **6.** *Réséda* : plante aux fleurs odorantes.

IV

Vœu

Ah ! les oaristys[1] ! les premières maîtresses !
L'or des cheveux, l'azur des yeux, la fleur des chairs,
Et puis, parmi l'odeur des corps jeunes et chers,
La spontanéité craintive des caresses !

5   Sont-elles assez loin toutes ces allégresses
Et toutes ces candeurs[2] ! Hélas ! toutes devers[3]
Le printemps des regrets ont fui les noirs hivers
De mes ennuis, de mes dégoûts, de mes détresses !

Si que me voilà seul à présent, morne et seul,
10   Morne et désespéré, plus glacé qu'un aïeul[4],
Et tel qu'un orphelin pauvre sans sœur aînée.

Ô la femme à l'amour câlin et réchauffant,
Douce, pensive et brune, et jamais étonnée,
Et qui parfois vous baise au front, comme un enfant !

---

1. *Oaristys* : « conversation légère » en grec, idylle amoureuse. \ 2. *Candeurs* : innocences ou, étymologiquement, blancheurs. \ 3. *Devers* : du côté de (archaïsme). \ 4. *Aïeul* : ancêtre, ascendant.

V

Lassitude

A batallas de amor campo de pluma [1].
(Gongora [2].)

De la douceur, de la douceur, de la douceur !
Calme un peu ces transports fébriles, ma charmante.
Même au fort du déduit [3] parfois, vois-tu, l'amante
Doit avoir l'abandon paisible de la sœur.

5   Sois langoureuse, fais ta caresse endormante,
Bien égaux tes soupirs et ton regard berceur.
Va, l'étreinte jalouse et le spasme [4] obsesseur [5]
Ne valent pas un long baiser, même qui mente !

Mais dans ton cher cœur d'or, me dis-tu, mon enfant,
10   La fauve passion va sonnant l'olifant [6] !...
Laisse-la trompeter à son aise, la gueuse [7] !

Mets ton front sur mon front et ta main dans ma main,
Et fais-moi des serments que tu rompras demain,
Et pleurons jusqu'au jour, ô petite fougueuse !

---

1. *A batallas de amor campo de pluma* : « À batailles d'amour, chant de plume ». \ **2.** *Gongora* (1561-1627) : poète espagnol baroque apprécié de Verlaine. Le vers est extrait du recueil *Solitudes* (1613). \ **3.** *Déduit* : plaisir sexuel (archaïsme). \ **4.** *Spasme* : contraction musculaire liée à une forte agitation physique ou psychique (ici la jouissance amoureuse). \ **5.** *Obsesseur* : obsédant (archaïsme). \ **6.** *Olifant* : petit cor d'ivoire, taillé dans une défense d'éléphant. \ **7.** *Gueuse* : mendiante. Par extension, personne à la conduite vile, méprisable.

VI

Mon rêve familier

Je fais souvent ce rêve étrange et pénétrant
D'une femme inconnue, et que j'aime, et qui m'aime
Et qui n'est, chaque fois, ni tout à fait la même
Ni tout à fait une autre, et m'aime et me comprend.

5   Car elle me comprend, et mon cœur, transparent
Pour elle seule, hélas ! cesse d'être un problème
Pour elle seule, et les moiteurs[1] de mon front blême[2],
Elle seule les sait rafraîchir, en pleurant.

Est-elle brune, blonde ou rousse ? – Je l'ignore.
10   Son nom ? Je me souviens qu'il est doux et sonore
Comme ceux des aimés que la Vie exila.

Son regard est pareil au regard des statues,
Et, pour sa voix, lointaine, et calme, et grave, elle a
L'inflexion des voix chères qui se sont tues.

VII

À une femme

À vous ces vers de par la grâce consolante
De vos grands yeux où rit et pleure un rêve doux,
De par votre âme pure et toute bonne, à vous
Ces vers du fond de ma détresse violente.

---

1. *Moiteurs* : légères humidités de la peau. \ **2.** *Blême* : d'une pâleur maladive.

5   C'est qu'hélas ! le hideux cauchemar qui me hante
N'a pas de trêve et va furieux, fou, jaloux,
Se multipliant comme un cortège de loups
Et se pendant après mon sort qu'il ensanglante !

Oh ! je souffre, je souffre affreusement, si bien
10   Que le gémissement premier du premier homme
Chassé d'Éden n'est qu'une églogue[1] au prix du mien !

Et les soucis que vous pouvez avoir sont comme
Des hirondelles sur un ciel d'après-midi,
– Chère, – par un beau jour de septembre attiédi.

VIII

L'Angoisse

Nature, rien de toi ne m'émeut, ni les champs
Nourriciers, ni l'écho vermeil[2] des pastorales[3]
Siciliennes, ni les pompes[4] aurorales[5],
Ni la solennité dolente[6] des couchants.

5   Je ris de l'Art, je ris de l'Homme aussi, des chants,
Des vers, des temples grecs et des tours en spirales
Qu'étirent dans le ciel vide les cathédrales,
Et je vois du même œil les bons et les méchants.

---

1. *Églogue* : poème pastoral au style simple et naïf où, à travers les dialogues des bergers, le poète relate les événements généralement heureux de la vie champêtre, chante la nature, les occupations et les amours rustiques. \ **2.** *Vermeil* : d'un rouge éclatant. \ **3.** *Pastorales* : œuvres littéraires qui relatent la vie et les amours de bergers et de bergères dans le cadre conventionnel de la douceur champêtre. \ **4.** *Pompes* : gloires, luxes, éclats, déploiements de faste dans un cérémonial. \ **5.** *Aurorales* : qui appartiennent à l'aurore, qui en ont la couleur et l'éclat. \ **6.** *Dolente* : souffrant d'un malaise diffus ressenti avec passivité.

Je ne crois pas en Dieu, j'abjure et je renie
Toute pensée, et quant à la vieille ironie,
L'Amour, je voudrais bien qu'on ne m'en parlât plus.

Lasse de vivre, ayant peur de mourir, pareille
Au brick[1] perdu jouet du flux et du reflux,
Mon âme pour d'affreux naufrages appareille.

1. *Brick* : voilier à deux mâts.

EAUX-FORTES[1]

À *François Coppée*[2].

I

Croquis parisien

La lune plaquait ses teintes de zinc[3]
    Par angles obtus[4].
Des bouts de fumée en forme de cinq
Sortaient drus[5] et noirs des hauts toits pointus.

5

Le ciel était gris. La bise pleurait
    Ainsi qu'un basson.
Au loin, un matou frileux et discret
Miaulait d'étrange et grêle[6] façon.

Moi, j'allais, rêvant du divin Platon[7]
    Et de Phidias[8],
10
Et de Salamine et de Marathon[9],
Sous l'œil clignotant des bleus becs de gaz.

---

1. *Eaux-fortes* : gravures sur cuivre. \ 2. *François Coppée* (1842-1908) : poète français ami de Verlaine, peintre sentimental de la vie du petit peuple. \ 3. *Zinc* : métal brillant, d'un blanc bleuâtre. \ 4. *Obtus* : dont la mesure est supérieure à quatre-vingt-dix degrés. \ 5. *Drus* : nombreux et resserrés. \ 6. *Grêle* : aigu et peu intense. \ 7. *Platon* (ve siècle avant J.-C.) : philosophe grec, disciple de Socrate. \ 8. *Phidias* : Phidias est un sculpteur grec qui supervisa la construction de l'Acropole édifiée grâce au butin de la bataille de Marathon. \ 9. *Salamine/Marathon* : deux batailles célèbres entre Grecs et Perses au ve siècle avant J.-C.

II

Cauchemar

J'ai vu passer dans mon rêve
– Tel l'ouragan sur la grève[1], –
D'une main tenant un glaive
Et de l'autre un sablier,
     Ce cavalier[2]

Des ballades d'Allemagne
Qu'à travers ville et campagne,
Et du fleuve à la montagne,
Et des forêts au vallon,
     Un étalon[3]

Rouge-flamme et noir d'ébène,
Sans bride, ni mors, ni rêne,
Ni hop ! ni cravache, entraîne
Parmi des râlements sourds
     Toujours ! toujours !

Un grand feutre[4] à longue plume
Ombrait son œil qui s'allume
Et s'éteint. Tel, dans la brume,
Éclate et meurt l'éclair bleu
     D'une arme à feu.

Comme l'aile d'une orfraie[5]
Qu'un subit orage effraie,

---

1. *La grève* : le rivage. \ **2.** Ce *cavalier* : pourvu d'un glaive qui tranche la vie et d'un sablier qui mesure le temps, le cavalier est une allégorie de la Mort. \ **3.** *Étalon* : beau cheval pur-sang, destiné à la reproduction et non à la course. \ **4.** *Feutre* : chapeau de laine. \ **5.** *Orfraie* : oiseau de proie.

Par l'air que la neige raie,
Son manteau se soulevant
        Claquait au vent,

Et montrait d'un air de gloire
Un torse d'ombre et d'ivoire,
Tandis que dans la nuit noire
Luisaient en des cris stridents
        Trente-deux dents.

25

30

III

Marine[1]

L'océan sonore
Palpite sous l'œil
De la lune en deuil
Et palpite encore,

Tandis qu'un éclair
Brutal et sinistre
Fend le ciel de bistre[2]
D'un long zigzag clair,

Et que chaque lame[3]
En bonds convulsifs[4]
Le long des récifs
Va, vient, luit et clame,

5

10

---

1. *Marine* : tableau représentant des sujets marins (mers, bateaux, ports, tempêtes).
\ 2. *Bistre* : couleur d'un brun noirâtre, faite de suie détrempée. \ 3. *Lame* : vague violente
et soudaine. \ 4. *Convulsifs* : violemment agités, nerveux, saccadés.

Et qu'au firmament,
Où l'ouragan erre,
15 Rugit le tonnerre
Formidablement.

IV

Effet de nuit

La nuit. La pluie. Un ciel blafard[1] que déchiquette
De flèches et de tours à jour la silhouette
D'une ville gothique éteinte[2] au lointain gris.
La plaine. Un gibet plein de pendus rabougris
5 Secoués par le bec avide des corneilles
Et dansant dans l'air noir des gigues[3] nonpareilles[4],
Tandis que leurs pieds sont la pâture des loups.
Quelques buissons d'épine épars[5], et quelques houx
Dressant l'horreur de leur feuillage à droite, à gauche,
10 Sur le fuligineux[6] fouillis d'un fond d'ébauche[7].
Et puis, autour de trois livides prisonniers
Qui vont pieds nus, un gros de hauts pertuisaniers[8]
En marche, et leurs fers droits, comme des fers de herse[9],
Luisent à contre-sens des lances de l'averse.

---

1. *Blafard* : d'une couleur terne, pâle. \ **2.** *Éteinte* : estompée (sens technique emprunté au vocabulaire pictural). \ **3.** *Gigues* : danses d'origine irlandaise et anglaise. \ **4.** *Nonpareilles* : à nulles autres pareilles. \ **5.** *Épars* : dispersés. \ **6.** *Fuligineux* : noir comme la suie. Au figuré, qui manque de clarté, obscur, confus. \ **7.** *Fond d'ébauche* : terme pictural désignant le fond plus ou moins uniforme d'un tableau. \ **8.** *Pertuisaniers* : soldats armés d'une pertuisane, arme en usage du XVe au XVIIe siècle. \ **9.** *Herse* : grille de fer et de bois, terminée par de fortes pointes, qui défend l'entrée des châteaux-forts.

V

Grotesques [1]

Leurs jambes pour toutes montures,
Pour tous biens l'or de leurs regards,
Par le chemin des aventures
Ils vont haillonneux [2] et hagards [3].

5   Le sage, indigné, les harangue [4] ;
Le sot plaint ces fous hasardeux ;
Les enfants leur tirent la langue
Et les filles se moquent d'eux.

C'est qu'odieux et ridicules,
10 Et maléfiques en effet,
Ils ont l'air, sur les crépuscules,
D'un mauvais rêve que l'on fait ;

C'est que, sur leurs aigres [5] guitares
Crispant la main des libertés,
15 Ils nasillent [6] des chants bizarres,
Nostalgiques et révoltés ;

C'est enfin que dans leurs prunelles
Rit et pleure – fastidieux [7] –
L'amour des choses éternelles,
20 Des vieux morts et des anciens dieux !

---

1. *Grotesques* : êtres de fantaisie aux figures grimaçantes qui les rendent à la fois comiques et effrayants (terme de peinture et de sculpture). Ce motif a beaucoup inspiré les écrivains de la première moitié du XIXe siècle, notamment Balzac, Hugo et Gautier. \ **2.** *Haillonneux* : vêtus de haillons. \ **3.** *Hagards* : dans un état d'égarement. \ **4.** *Haranguer* : prononcer un discours solennel. \ **5.** *Aigres* : aigus, criardes, perçantes. \ **6.** *Nasillent* : parlent du nez. \ **7.** *Fastidieux* : qui suscite de l'ennui par sa durée ou son aspect répétitif.

— Donc, allez, vagabonds sans trèves,
Errez, funestes et maudits,
Le long des gouffres et des grèves[1],
Sous l'œil fermé des paradis !

25 La nature à l'homme s'allie
Pour châtier comme il le faut
L'orgueilleuse mélancolie
Qui vous fait marcher le front haut,

Et vengeant sur vous le blasphème
30 Des vastes espoirs véhéments,
Meurtrit votre front anathème[2]
Au choc rude des éléments.

Les juins brûlent et les décembres
Gèlent votre chair jusqu'aux os,
35 Et la fièvre envahit vos membres
Qui se déchirent aux roseaux.

Tout vous repousse et tout vous navre[3],
Et quand la mort viendra pour vous,
Maigre et froide, votre cadavre
40 Sera dédaigné par les loups !

---

1. *Grèves* : rivages. \ 2. *Anathème* : excommunication majeure prononcée contre les ennemis de la foi catholique ; malédiction. \ 3. *Navre* : blesse.

PAYSAGES TRISTES

À *Catulle Mendès*[1].

I

Soleils couchants

Une aube affaiblie
Verse par les champs
La mélancolie
Des soleils couchants.
La mélancolie
Berce de doux chants
Mon cœur qui s'oublie
Aux soleils couchants.
Et d'étranges rêves,
Comme des soleils
Couchants sur les grèves[2],
Fantômes vermeils[3],
Défilent sans trêves,
Défilent, pareils
À des grands soleils
Couchants sur les grèves.

5

10

15

---

1. *Catulle Mendès* (1841-1909) : disciple de Théophile Gautier, écrivain et poète, fondateur de la revue *Le Parnasse contemporain*. \ **2.** *Grèves* : rivages. \ **3.** *Vermeils* : d'un rouge éclatant.

II

Crépuscule du soir mystique[1]

Le Souvenir avec le Crépuscule
Rougeoie et tremble à l'ardent horizon
De l'Espérance en flamme qui recule
Et s'agrandit ainsi qu'une cloison
5   Mystérieuse où mainte[2] floraison
— Dahlia, lys, tulipe et renoncule —
S'élance autour d'un treillis[3], et circule
Parmi la maladive exhalaison[4]
De parfums lourds et chauds, dont le poison
10   — Dahlia, lys, tulipe et renoncule —
Noyant mes sens, mon âme et ma raison,
Mêle dans une immense pâmoison[5]
Le Souvenir avec le Crépuscule.

III

Promenade sentimentale

Le couchant dardait[6] ses rayons suprêmes
Et le vent berçait les nénuphars blêmes[7] ;
Les grands nénuphars entre les roseaux
Tristement luisaient sur les calmes eaux.
5   Moi j'errais tout seul, promenant ma plaie
Au long de l'étang, parmi la saulaie[8]

---

1. *Mystique* : en union parfaite avec Dieu dans la contemplation. \ **2.** *Mainte* : un grand nombre de. \ **3.** *Treillis* : entrecroisement de lattes ou de fils métalliques constituant un support pour les plantes grimpantes. \ **4.** *Exhalaison* : odeur se dégageant d'un corps ou d'un lieu. \ **5.** *Pâmoison* : état de faiblesse et d'abandon éprouvé sous l'effet d'une vive émotion. \ **6.** *Dardait* : lançait (comme un dard ou une flèche). \ **7.** *Blêmes* : d'une pâleur maladive. \ **8.** *Saulaie* : plantation de saules.

Où la brume vague évoquait un grand
Fantôme laiteux se désespérant
Et pleurant avec la voix des sarcelles [1]
10 Qui se rappelaient en battant des ailes
Parmi la saulaie où j'errais tout seul
Promenant ma plaie ; et l'épais linceul
Des ténèbres vint noyer les suprêmes
Rayons du couchant dans ses ondes blêmes
15 Et les nénuphars, parmi les roseaux,
Les grands nénuphars sur les calmes eaux.

IV

Nuit du Walpurgis [2] classique

C'est plutôt le sabbat du second Faust [3] que l'autre [4].
Un rythmique sabbat [5], rythmique, extrêmement
Rythmique. – Imaginez un jardin de Lenôtre [6],
    Correct, ridicule et charmant.

---

1. *Sarcelles* : oiseaux sauvages et aquatiques, plus petits que le canard. \ **2.** *Nuit du Walpurgis* : nuit qui se situe entre le 30 avril et le 1er mai. Célébrée dans toute l'Europe depuis des temps reculés, malgré les interdits et excommunications des églises chrétiennes, elle a été identifiée au sabbat des sorcières et symbolise la fin de l'hiver. Elle est célébrée en musique par Mendelssohn, qui composa en 1831 *La Première Nuit de Walpurgis*. \ **3.** *Le sabbat du second Faust* : protagoniste de divers ouvrages dramatiques, Faust est un magicien allemand qui vendit son âme au diable. Dans la « Nuit du Walpurgis classique » du *Second Faust* (1832) de Goethe (1759-1832), Faust évolue parmi les figures héroïques et mythiques de l'Antiquité qui symbolisent toutes la beauté hellénistique. C'est le « sabbat du second Faust » auquel Verlaine fait ici référence, et au cours duquel Faust manifeste sa ferveur envers la beauté classique. \ **4.** *L'autre* : le « Songe d'une nuit de Walpurgis » extrait du *Premier Faust* (1806), dans lequel Faust, conduit par Méphisto dans le Harz pour assister à la Nuit du Walpurgis, voit défiler au milieu des sorcières et des feux follets des personnages de toutes les époques parfois tournés en dérision. \ **5.** *Sabbat* : dans la tradition occulte, assemblée nocturne de sorcières, tenue dans un lieu désert souvent élevé, où l'on célèbre le culte du diable, au milieu de danses et d'orgies qui rappellent l'antiquité païenne. \ **6.** *Lenôtre* (1613-1700) : dessinateur de jardins et architecte français, paysagiste de Louis XIV pour lequel il réalisa le jardin de Versailles.

5   Des ronds-points ; au milieu, des jets d'eaux ; des allées
    Toutes droites ; sylvains [1] de marbre ; dieux marins
    De bronze ; çà et là, des Vénus étalées ;
        Des quinconces [2], des boulingrins [3] ;

    Des châtaigniers ; des plants de fleurs formant la dune ;
10 Ici, des rosiers nains qu'un goût docte [4] affila ;
    Plus loin, des ifs taillés en triangles. La lune
        D'un soir d'été sur tout cela.

    Minuit sonne, et réveille au fond du parc aulique [5]
    Un air mélancolique, un sourd, lent et doux air
15 De chasse : tel, doux, lent, sourd et mélancolique,
        L'air de chasse de *Tannhäuser* [6].

    Des chants voilés de cors lointains où la tendresse
    Des sens étreint l'effroi de l'âme en des accords
    Harmonieusement dissonants dans l'ivresse ;
20   Et voici qu'à l'appel des cors

    S'entrelacent soudain des formes toutes blanches,
    Diaphanes [7], et que le clair de lune fait
    Opalines [8] parmi l'ombre verte des branches,
        – Un Watteau [9] rêvé par Raffet [10] ! –

---

1. *Sylvains* : génies de la forêt et compagnons de Pan (du latin *silva*, qui signifie « la forêt »). \ **2.** *Quinconces* : plantations d'arbres disposés sur plusieurs lignes parallèles et équidistantes, comme dans un échiquier. \ **3.** *Boulingrins* : parterres de gazon entouré le plus souvent de bordures (de l'anglais « bowling-green »). \ **4.** *Docte* : savant. \ **5.** *Aulique* : qui a rapport à la Cour, à l'entourage d'un souverain, et plus spécifiquement à la Cour germanique. \ **6.** *Tannhäuser* : opéra de Richard Wagner (1813-1883) joué à Paris en 1861. C'est à la fin du premier acte que le cor annonce l'arrivée du héros et de ses compagnons de chasse. \ **7.** *Diaphanes* : translucides, qui laissent passer la lumière sans être transparentes. \ **8.** *Opalines* : substances vitreuses de couleur laiteuse et bleuâtre, à reflets irisés, rappelant ceux de l'opale. \ **9.** *Watteau* (1684-1721) : peintre des « fêtes galantes » à l'époque de la Régence (1715-1723). \ **10.** *Raffet* (1804-1860) : peintre, graveur et dessinateur, surtout connu pour ses croquis pris sur le vif.

25 S'entrelacent parmi l'ombre verte des arbres
    D'un geste alangui[1], plein d'un désespoir profond,
    Puis, autour des massifs, des bronzes et des marbres,
        Très lentement dansent en rond.

    — Ces spectres agités, sont-ce donc la pensée
30 Du poète ivre, ou son regret, ou son remords,
    Ces spectres agités en tourbe[2] cadencée
        Ou bien tout simplement des morts ?

    Sont-ce donc ton remords, ô rêvasseur qu'invite
    L'horreur, ou ton regret, ou ta pensée, — hein ? — tous
35 Ces spectres qu'un vertige irrésistible agite,
        Ou bien des morts qui seraient fous ? —

    N'importe ! ils vont toujours, les fébriles fantômes,
    Menant leur ronde vaste et morne et tressautant
    Comme dans un rayon de soleil des atomes,
40   Et s'évaporant à l'instant

    Humide et blême[3] où l'aube éteint l'un après l'autre
    Les cors, en sorte qu'il ne reste absolument
    Plus rien — absolument — qu'un jardin de Lenôtre,
        Correct, ridicule et charmant.

---

1. *Alangui* : affaibli, sans vigueur. \ **2.** *Tourbe* : foule, mais aussi, péjorativement, populace.
\ **3.** *Blême* : d'une pâleur maladive.

V

Chanson d'automne

Les sanglots longs
Des violons
  De l'automne
Blessent mon cœur
D'une langueur[1]
  Monotone.

Tout suffocant
Et blême, quand
  Sonne l'heure,

Je me souviens
Des jours anciens
  Et je pleure ;

Et je m'en vais
Au vent mauvais
  Qui m'emporte
Deçà, delà,
Pareil à la
  Feuille morte.

1. *Langueur* : état d'affaiblissement physique ou moral.

VI

L'Heure du berger[1]

La lune est rouge au brumeux horizon ;
Dans un brouillard qui danse la prairie
S'endort fumeuse, et la grenouille crie
Par les joncs verts où circule un frisson ;

5 Les fleurs des eaux referment leurs corolles ;
Des peupliers profilent aux lointains,
Droits et serrés, leurs spectres incertains ;
Vers les buissons errent les lucioles[2] ;

Les chats-huants[3] s'éveillent, et sans bruit
10 Rament[4] l'air noir avec leurs ailes lourdes,
Et le zénith[5] s'emplit de lueurs sourdes.
Blanche, Vénus émerge, et c'est la Nuit.

VII

Le Rossignol

Comme un vol criard d'oiseaux en émoi,
Tous mes souvenirs s'abattent sur moi,
S'abattent parmi le feuillage jaune

---

1. *L'heure du berger* : expression proverbiale qui désigne le moment où l'amant trouve l'amante favorable à ses vœux. *L'étoile du berger* est le nom couramment donné à la planète Vénus, que les bergers observent facilement, parce qu'elle se montre le soir de bonne heure ou très tard dans la matinée. \ **2.** *Lucioles* : insectes ailés et lumineux. \ **3.** *Chats-huants* : oiseaux de proie nocturnes dont l'apparence ou le cri rappellent quelque peu ceux du chat. \ **4.** *Rament* : le verbe « ramer » est normalement intransitif. \ **5.** *Zénith* : point le plus haut de la course apparente d'un astre.

De mon cœur mirant son tronc plié d'aune[1]
Au tain[2] violet de l'eau des Regrets
Qui mélancoliquement coule auprès,
S'abattent, et puis la rumeur mauvaise
Qu'une brise moite[3] en montant apaise,
S'éteint par degrés dans l'arbre, si bien
Qu'au bout d'un instant on n'entend plus rien,
Plus rien que la voix célébrant l'Absente,
Plus rien que la voix – ô si languissante ! –
De l'oiseau que fut mon Premier Amour,
Et qui chante encor comme au premier jour ;
Et, dans la splendeur triste d'une lune
Se levant blafarde[4] et solennelle, une
Nuit mélancolique et lourde d'été,
Pleine de silence et d'obscurité,
Berce sur l'azur qu'un vent doux effleure
L'arbre qui frissonne et l'oiseau qui pleure.

---

1. *Aune* : (ou aulne) arbre qui croît dans les lieux humides et marécageux. Le participe
« plié », là où l'on attendrait « penché », humanise l'arbre languissant au bord des eaux,
comme un homme plié de douleur. \ **2.** *Tain* : amalgame d'étain dont on revêt l'envers
des miroirs pour qu'il réfléchisse la lumière et l'image. \ **3.** *Moite* : légèrement humide.
\ **4.** *Blafarde* : d'une couleur terne, pâle.

CAPRICES [1]

À Henry Winter [2].

I

Femme et Chatte

Elle jouait avec sa chatte,
Et c'était merveille de voir
La main blanche et la blanche patte
S'ébattre dans l'ombre du soir.

5 Elle cachait – la scélérate [3] ! –
Sous ses mitaines [4] de fil noir
Ses meurtriers ongles d'agate [5],
Coupants et clairs comme un rasoir.

L'autre aussi faisait la sucrée
10 Et rentrait sa griffe acérée,
Mais le diable n'y perdait rien...

Et dans le boudoir [6] où, sonore,
Tintait son rire aérien,
Brillaient quatre points de phosphore [7].

---

1. *Caprices* : œuvres d'art dominées par la fantaisie (de l'italien *capriccio*, « frisson »), et dont les saillies imprévisibles s'écartent des règles et des conventions habituelles. On peut songer à la série des *Caprices* de Francisco Goya (1746-1828), violente satire humaine et sociale, réalisée entre 1793 et 1798, qui reflète autant les vices communs à tous les hommes que les abîmes de l'âme humaine. \ **2.** *Henry Winter* : poète parnassien. \ **3.** *Scélérate* : perfide, traître. \ **4.** *Mitaines* : gants qui laissent découvertes les deux dernières phalanges des doigts. \ **5.** *Agate* : pierre précieuse de consistance très dure, semi-transparente et de diverses couleurs. \ **6.** *Boudoir* : petite pièce élégante dans laquelle la maîtresse de maison se retire pour être seule ou s'entretenir avec des intimes. \ **7.** *Phosphore* : métal blanc qui brûle avec une flamme éblouissante et réfléchit intensément la lumière.

II

Jésuitisme[1]

Le Chagrin qui me tue est ironique, et joint
Le sarcasme[2] au supplice, et ne torture point
Franchement, mais picote avec un faux sourire
Et transforme en spectacle amusant mon martyre,
5   Et sur la bière où gît mon Rêve mi-pourri
Beugle un *De Profundis*[3] sur l'air du *Tradéri*[4].
C'est un Tartuffe[5] qui, tout en mettant des roses
Pompons[6] sur les autels des Madones[7] moroses[8],
Tout en faisant chanter à des enfants de chœur
10 Des cantiques d'eau tiède où se baigne le cœur,
Tout en amidonnant[9] ces guimpes[10] amoureuses
Qui serpentent au cœur sacré des Bienheureuses[11],
Tout en disant à voix basse son chapelet,
Tout en passant la main sur son petit collet,
15 Tout en parlant avec componction[12] de l'âme,
N'en médite pas moins ma ruine, – l'infâme !

---

1. *Jésuitisme* : terme péjoratif inspiré par certains aspects de la doctrine des jésuites. Il évoque un caractère dissimulé, hypocrite, voire retors. \ **2.** *Sarcasme* : moquerie acerbe, ironie mordante. \ **3.** *De Profundis* : commencement d'un psaume utilisé comme prière pour les défunts. \ **4.** *Tradéri* : air populaire, « traderi deri traderi dera ». \ **5.** *Tartuffe* : dans la comédie de Molière, personnage qui, sous couvert de religion, affecte une dévotion et une vertu profondes, dans le but de séduire son entourage et d'en tirer profit. \ **6.** *Roses pompons* : variété de roses à petites fleurs sphériques. \ **7.** *Madones* : représentations de la Vierge. \ **8.** *Moroses* : tristes. \ **9.** *Amidonnant* : imprégnant les vêtements d'amidon pour leur donner un aspect ferme et brillant. \ **10.** *Guimpes* : pièces de toile blanche, encadrant le visage et couvrant le cou et la poitrine, qui font partie du costume de certaines religieuses. Les guimpes sont aussi des dentelles destinées à orner le décolleté d'une robe. \ **11.** *Bienheureuses* : les religieuses qui, élues de Dieu, jouissent de la béatitude éternelle. \ **12.** *Componction* : regret, humilité, recueillement qui peuvent être affectés et ostentatoires.

III

La Chanson des ingénues [1]

Nous sommes les Ingénues
Aux bandeaux plats, à l'œil bleu,
Qui vivons, presque inconnues,
Dans les romans qu'on lit peu.

5 Nous allons entrelacées,
Et le jour n'est pas plus pur
Que le fond de nos pensées [2],
Et nos rêves sont d'azur ;

Et nous courons par les prées [3]
10 Et rions et babillons [4]
Des aubes jusqu'aux vesprées [5],
Et chassons aux papillons ;

Et des chapeaux de bergères
Défendent notre fraîcheur,
15 Et nos robes – si légères –
Sont d'une extrême blancheur ;

---

1. *Ingénues* : personnes d'une innocence naïve, sans expérience de l'amour. \ 2. *Et le jour n'est pas plus pur/Que le fond de nos pensées* : citation de la tragédie de Racine, *Phèdre*, où le personnage d'Hippolyte, innocent et vertueux, se défend de l'amour criminel dont l'accuse sa belle-mère en ces termes : « Le jour n'est pas plus pur que le fond de mon cœur ». \ 3. *Prées* : prés (archaïsme). \ 4. *Babillons* : parlons avec abondance, d'une manière vive et volubile. \ 5. *Vesprées* : soirées, soirs.

Les Richelieux[1], les Caussades[2]
Et les chevaliers Faublas[3]
Nous prodiguent les œillades,
20   Les saluts et les « hélas ! »

Mais en vain, et leurs mimiques
Se viennent casser le nez
Devant les plis ironiques
De nos jupons détournés ;

25   Et notre candeur[4] se raille
Des imaginations
De ces raseurs de muraille,
Bien que parfois nous sentions

Battre nos cœurs sous nos mantes[5]
30   À des pensers[6] clandestins,
En nous sachant les amantes
Futures des libertins.

IV

Une grande dame

Belle « à damner les saints », à troubler sous l'aumusse[7]
Un vieux juge ! Elle marche impérialement.
Elle parle – et ses dents font un miroitement –
Italien, avec un léger accent russe.

---

1. *Les Richelieux* : arrière-petit-neveu du Cardinal, le duc de Richelieu (1696-1788) est connu pour ses duels et ses débauches amoureuses qui lui valurent d'être embastillé dans sa jeunesse. \ **2.** *Les Caussades* : Caussade est un amateur de duel, mentionné dans *Marion Delorme* (1829) de Victor Hugo (1802-1885). \ **3.** *Les chevaliers Faublas* : roman à succès de Jean-Baptiste Louvet de Couvray (1760-1797), *Les Amours du chevalier de Faublas* mettent en scène un libertin. \ **4.** *Candeur* : innocence. \ **5.** *Mantes* : grands voiles noirs traînant jusqu'à terre portés par les femmes en signe de deuil. \ **6.** *Pensers* : pensées (orthographe vieillie). \ **7.** *Aumusse* : petit manteau garni d'un capuchon de fourrure porté en signe de dignité par les ecclésiastiques et les parlementaires.

5 Ses yeux froids où l'émail[1] sertit de bleu de Prusse[2]
   Ont l'éclat insolent et dur du diamant.
   Pour la splendeur du sein, pour le rayonnement
   De la peau, nulle reine ou courtisane[3], fût-ce

   Cléopâtre[4] la lynce[5] ou la chatte Ninon,
10 N'égale sa beauté patricienne[6], non !
   Vois, ô bon Buridan[7] : « C'est une grande dame ! »

   Il faut – pas de milieu ! – l'adorer à genoux,
   Plat, n'ayant d'astre aux cieux que ses lourds cheveux
                                                    [roux,
   Ou bien lui cravacher la face, à cette femme !

V

Monsieur Prudhomme[8]

Il est grave : il est maire et père de famille.
Son faux col engloutit son oreille. Ses yeux

---

1. *Émail* : matière blanche très dure destinée à recouvrir la porcelaine ou la faïence à des fins ornementales. \ **2.** *Bleu de Prusse* : couleur d'un bleu profond et chaud découvert par hasard à Berlin au XVIIIᵉ siècle. \ **3.** *Courtisane* : femme vénale, aux mœurs légères, qui se distingue par son élégance et ses manières mondaines. \ **4.** *Cléopâtre* (69-30 av. J.-C.) : née à Alexandrie, reine d'Égypte, célèbre par sa beauté et son intelligence ainsi que par ses amours avec César, puis Antoine. \ **5.** *Lynce* : femelle du lynx (*avoir une vue de lynx* : avoir une vue perçante). \ **6.** *Patricienne* : issue de la noblesse, d'une classe sociale privilégiée. \ **7.** *Buridan* (vers 1300-1358) : philosophe qui fut à l'origine du paradoxe de l'âne : un âne assoiffé et affamé, positionné à égale distance entre un seau d'eau et un seau d'avoine meurt de faim et de soif parce qu'il ne sait que choisir. *Être comme l'âne de Buridan* signifie donc « être indécis, ne pas savoir choisir entre deux parties ». Selon la légende, Buridan aurait été l'amant de Marguerite de Bourgogne (la fameuse reine Margot) qui jetait ses amants dans la Seine par la fenêtre de la Tour de Nesle. François Villon (vers 1431-1463) y fait allusion dans *La Ballade des dames du temps jadis*, où « une très grande dame » « commanda que Buridan/Fût jeté en un sac en Seine ». \ **8.** *Prudhomme* : personnage caricatural inventé par Henri Monnier en 1830. Le succès des *Mémoires de M. Joseph Prudhomme*, publiées en 1857, fut tel que ce nom était devenu synonyme de « bourgeois débitant solennellement les choses les plus vulgaires et les plus sottes » (Littré).

Dans un rêve sans fin flottent insoucieux,
Et le printemps en fleur sur ses pantoufles brille.

5   Que lui fait l'astre d'or, que lui fait la charmille[1]
Où l'oiseau chante à l'ombre, et que lui font les cieux,
Et les prés verts et les gazons silencieux ?
Monsieur Prudhomme songe à marier sa fille

Avec monsieur Machin, un jeune homme cossu[2].
10 Il est juste-milieu, botaniste[3] et pansu[4].
Quant aux faiseurs de vers, ces vauriens, ces maroufles[5],

Ces fainéants barbus, mal peignés, il les a
Plus en horreur que son éternel coryza[6],
Et le printemps en fleur brille sur ses pantoufles.

Initium[7]

Les violons mêlaient leur rire au chant des flûtes
Et le bal tournoyait quand je la vis passer
Avec ses cheveux blonds jouant sur les volutes[8]
De son oreille où mon Désir comme un baiser
5   S'élançait et voulait lui parler, sans oser.

Cependant elle allait, et la mazurque[9] lente
La portait dans son rythme indolent[10] comme un vers,

---

1. *Charmille* : ensemble d'arbustes plantés et taillés pour former une haie ou une tonnelle. Par extension, lieu d'intimité et de plaisir. \ 2. *Cossu* : riche. \ 3. *Botaniste* : spécialiste des végétaux. \ 4. *Pansu* : qui a un gros ventre. \ 5. *Maroufles* : coquins, fripons. \ 6. *Coryza* : rhume de cerveau. \ 7. *Initium* : « le début » en latin. \ 8. *Volutes* : ornements en spirale. \ 9. *Mazurque* : danse rapide à trois temps, d'origine polonaise, tenant de la valse et de la polka. \ 10. *Indolent* : lent, sans vigueur.

— Rime mélodieuse, image étincelante, —
Et son âme d'enfant rayonnait à travers
10   La sensuelle ampleur de ses yeux gris et verts.

Et depuis, ma Pensée – immobile – contemple
Sa Splendeur évoquée, en adoration,
Et dans son Souvenir, ainsi que dans un temple,
Mon Amour entre, plein de superstition.

15   Et je crois que voici venir la Passion.

Çavitrî [1]

(Maha-Baratta.)

Pour sauver son époux, Çavitrî fit le vœu
De se tenir trois jours entiers, trois nuits entières,
Debout, sans remuer jambes, buste ou paupières :
Rigide, ainsi que dit Vyaça, comme un pieu.

5   Ni, Çurya [2], tes rais cruels, ni la langueur [3]
Que Tchandra [4] vient épandre à minuit sur les cimes
Ne firent défaillir, dans leurs efforts sublimes,
La pensée et la chair de la femme au grand cœur.

— Que nous cerne l'Oubli, noir et morne assassin,
10   Ou que l'Envie aux traits amers nous ait pour cibles,

---

1. *Çavitrî* : la légende de Çavitrî (ou Sâvitri) est extraite du *Mahâbârata*, épopée indienne dont Verlaine ne retient qu'un épisode, celui où « Sâvitri, sachant Satyavan condamné par les dieux, l'a néanmoins épousé, et pour le sauver, fait vœu de rester trois jours et trois nuits, debout et immobile, ce qui fait qu'elle ressemblait à un pieu inanimé ». \ **2.** *Çurya* : le soleil. \ **3.** *Langueur* : état d'affaiblissement physique ou moral. \ **4.** *Tchandra* : la lune.

Ainsi que Çavitrî faisons-nous impassibles,
Mais, comme elle, dans l'âme ayons un haut dessein.

Sub Urbe[1]

Les petits ifs du cimetière
Frémissent au vent hiémal[2],
Dans la glaciale lumière.

Avec des bruits sourds qui font mal,
5   Les croix de bois des tombes neuves
Vibrent sur un ton anormal.

Silencieux comme des fleuves,
Mais gros de pleurs comme eux de flots,
Les fils, les mères et les veuves,

10   Par les détours du triste enclos
S'écoulent, – lente théorie, –
Au rythme heurté des sanglots.

Le sol sous les pieds glisse et crie,
Là-haut de grands nuages tors[3]
15   S'échevèlent[4] avec furie.

Pénétrant comme le remords,
Tombe un froid lourd qui vous écœure
Et qui doit filtrer chez les morts,

---

1. *Sub Urbe* : en latin, l'expression signifie à la fois « près de la ville », localisation traditionnelle d'un cimetière, et « sous la ville », c'est-à-dire sous la terre, au royaume des morts. \ **2.** *Hiémal* : de l'hiver (latinisme). \ **3.** *Tors* : tordus, soumis à une torsion. \ **4.** *S'échevèlent* : se désordonnent comme une chevelure hirsute.

Chez les pauvres morts, à toute heure
20   Seuls, et sans cesse grelottants,
Qu'on les oublie ou qu'on les pleure ! –

Ah ! vienne vite le Printemps,
Et son clair soleil qui caresse,
Et ses doux oiseaux caquetants !

25   Refleurisse l'enchanteresse
Gloire des jardins et des champs
Que l'âpre hiver tient en détresse !

Et que – des levers aux couchants –
L'or dilaté d'un ciel sans bornes
30   Berce de parfums et de chants,

Chers endormis, vos sommeils mornes !

Sérénade [1]

Comme la voix d'un mort qui chanterait
    Du fond de sa fosse,
Maîtresse, entends monter vers ton retrait [2]
    Ma voix aigre [3] et fausse.

5   Ouvre ton âme et ton oreille au son
    De ma mandoline :

---

1. *Sérénade* : au sens propre, chant accompagné ou non d'instruments, que l'on interprétait la nuit sous les fenêtres d'une personne pour l'honorer ou la séduire. Le mot est employé ici par antiphrase. \ **2.** *Retrait* : appartement retiré. Le mot désigne aussi un lieu d'aisances. \ **3.** *Aigre* : aiguë, criarde, perçante.

Pour toi j'ai fait, pour toi, cette chanson
    Cruelle et câline.

Je chanterai tes yeux d'or et d'onyx [1]
    Purs de toutes ombres,
Puis le Léthé [2] de ton sein, puis le Styx [3]
    De tes cheveux sombres.

Comme la voix d'un mort qui chanterait
    Du fond de sa fosse,
Maîtresse, entends monter vers ton retrait
    Ma voix aigre et fausse.

Puis je louerai beaucoup, comme il convient,
    Cette chair bénie
Dont le parfum opulent [4] me revient
    Les nuits d'insomnie.

Et pour finir, je dirai le baiser
    De ta lèvre rouge,
Et ta douceur à me martyriser,
    — Mon Ange ! — ma Gouge [5] !

Ouvre ton âme et ton oreille au son
    De ma mandoline :
Pour toi j'ai fait, pour toi, cette chanson
    Cruelle et câline.

---

1. *Onyx* : variété d'agate fine, de couleur semi-transparente, qui sert à faire des bijoux. \ **2.** *Léthé* : dans la mythologie grecque, fleuve de l'oubli situé aux Enfers. Les morts en buvaient l'eau pour oublier les malheurs terrestres avant d'entrer aux Champs-Élysées, séjour des bienheureux. \ **3.** *Styx* : un des fleuves des Enfers dans la mythologie grecque. \ **4.** *Opulent* : riche. \ **5.** *Gouge* : femme de mauvaise vie.

Un dahlia

Courtisane[1] au sein dur, à l'œil opaque et brun
S'ouvrant avec lenteur comme celui d'un bœuf,
Ton grand torse reluit ainsi qu'un marbre neuf.

Fleur grasse et riche, autour de toi ne flotte aucun
5 Arôme, et la beauté sereine de ton corps
Déroule, mate, ses impeccables accords.

Tu ne sens même pas la chair, ce goût qu'au moins
Exhalent celles-là qui vont fanant les foins[2],
Et tu trônes, Idole insensible à l'encens.

10 — Ainsi le Dahlia, roi vêtu de splendeur,
Élève sans orgueil sa tête sans odeur,
Irritant au milieu des jasmins[3] agaçants !

Nevermore[4]

Allons, mon pauvre cœur, allons, *mon vieux complice*,
Redresse et peins à neuf tous tes arcs triomphaux ;
Brûle un encens ranci sur tes autels d'or faux ;
Sème de fleurs les bords béants du précipice ;
5 Allons, mon pauvre cœur, allons, *mon vieux complice !*

---

1. *Courtisane* : femme vénale, aux mœurs légères, qui se distingue par son élégance et ses manières mondaines. \ **2.** *Fanant les foins* : retournant en l'étalant le fourrage fauché pour le faire sécher. \ **3.** *Jasmins* : arbustes aux fleurs très odorantes, contrairement au dahlia. \ **4.** *Nevermore* : « jamais plus » en anglais. Ce titre renvoie au refrain du poème d'Edgar Poe, « The Raven » (« Le Corbeau »), traduit par Baudelaire en 1853.

Pousse à Dieu ton cantique, ô chantre[1] rajeuni ;
Entonne, orgue enroué, des *Te Deum*[2] splendides ;
Vieillard prématuré, mets du fard sur tes rides ;
Couvre-toi de tapis mordorés[3], mur jauni ;
Pousse à Dieu ton cantique, ô chantre rajeuni.

Sonnez, grelots ; sonnez, clochettes ; sonnez, cloches !
Car mon rêve impossible a pris corps, et je l'ai
Entre mes bras pressé : le Bonheur, cet ailé
Voyageur qui de l'Homme évite les approches,
— Sonnez, grelots ; sonnez, clochettes ; sonnez, cloches !

Le Bonheur a marché côte à côte avec moi ;
Mais la FATALITÉ ne connaît point de trêve :
Le ver est dans le fruit, le réveil dans le rêve.
Et le remords est dans l'amour : telle est la loi.
— Le Bonheur a marché côte à côte avec moi.

Il Bacio[4]

Baiser ! rose trémière[5] au jardin des caresses !
Vif accompagnement sur le clavier des dents
Des doux refrains qu'Amour chante en les cœurs ardents
Avec sa voix d'archange aux langueurs[6] charmeresses[7] !

---

1. *Chantre* : maître du chœur qui préside au chant dans une église ; celui qui célèbre de grands événements ou l'action des héros ; enfin celui qui chante, le poète. \ **2.** *Te Deum* : hymne qui se chante à l'occasion de cérémonies solennelles pour louer Dieu et lui rendre grâce. \ **3.** *Mordorés* : d'un brun chaud à reflets dorés. \ **4.** *Il Bacio* : *Le Baiser* est le titre d'une valse de L. Arditi, très à la mode sous le Second Empire. \ **5.** *Rose trémière* : variété de rose aux fleurs rondes et aux couleurs vives qui fleurit aux temps chauds. \ **6.** *Langueurs* : états d'affaiblissement physique ou moral. \ **7.** *Charmeresses* : qui emploient des charmes, exercent un pouvoir magique, qui savent séduire et plaire.

5   Sonore et gracieux Baiser, divin Baiser !
Volupté nonpareille[1], ivresse inénarrable[2] !
Salut ! L'homme, penché sur ta coupe adorable,
S'y grise d'un bonheur qu'il ne sait épuiser.

Comme le vin du Rhin et comme la musique,
10 Tu consoles et tu berces, et le chagrin
Expire avec la moue en ton pli purpurin[3]…
Qu'un plus grand, Gœthe[4] ou Will[5] te dresse un vers classique.

Moi, je ne puis, chétif trouvère[6] de Paris,
T'offrir que ce bouquet de strophes enfantines :
15 Sois bénin et, pour prix, sur les lèvres mutines[7]
D'Une que je connais, Baiser, descends, et ris.

Dans les bois

D'autres, – des innocents ou bien des lymphatiques[8],
Ne trouvent dans les bois que charmes langoureux,
Souffles frais et parfums tièdes. Ils sont heureux !
D'autres s'y sentent pris – rêveurs – d'effrois mystiques[9].

5   Ils sont heureux ! Pour moi, nerveux, et qu'un remords
Épouvantable et vague affole sans relâche,
Par les forêts je tremble à la façon d'un lâche
Qui craindrait une embûche[10] ou qui verrait des morts.

---

1. *Nonpareille* : à nulle autre pareille. \ **2.** *Inénarrable* : qu'on ne peut narrer, indicible. \ **3.** *Purpurin* : de couleur pourpre, d'un rouge vif et soutenu. \ **4.** *Gœthe* (1749-1832) : poète, romancier et dramaturge allemand. \ **5.** *Will* (1564-1616) : William Shakespeare. \ **6.** *Trouvère* : poète du Moyen Âge. \ **7.** *Mutines* : insoumises, rebelles. \ **8.** *Lymphatiques* : dans la médecine grecque, personnes dont le tempérament se caractérise par la mollesse, la lenteur. \ **9.** *Mystiques* : en union parfaite avec Dieu dans la contemplation. \ **10.** *Embûche* : piège, stratagème.

Ces grands rameaux jamais apaisés, comme l'onde,
10   D'où tombe un noir silence avec une ombre encor
Plus noire, tout ce morne et sinistre décor
Me remplit d'une horreur triviale[1] et profonde.

Surtout les soirs d'été : la rougeur du couchant
Se fond dans le gris bleu des brumes qu'elle teinte
15   D'incendie et de sang ; et l'angélus[2] qui tinte
Au lointain semble un cri plaintif se rapprochant.

Le vent se lève chaud et lourd, un frisson passe
Et repasse, toujours plus fort, dans l'épaisseur
Toujours plus sombre des hauts chênes, obsesseur[3],
20   Et s'éparpille, ainsi qu'un miasme, dans l'espace.

La nuit vient. Le hibou s'envole. C'est l'instant
Où l'on songe aux récits des aïeules[4] naïves…
Sous un fourré, là-bas, là-bas, des sources vives
Font un bruit d'assassins postés se concertant.

Nocturne parisien

À *Edmond Lepelletier*[5].

Roule, roule ton flot indolent[6], morne Seine. —
Sous tes ponts qu'environne une vapeur malsaine
Bien des corps ont passé, morts, horribles, pourris,

---

1. *Triviale* : banale, ordinaire. \ **2.** *Angélus* : prière latine qui commence par le mot *angelus* et se récite matin, midi et soir en commémoration du mystère de l'Incarnation. Par extension, sonnerie de cloches qui, trois fois par jour, annonce l'heure de cette prière. \ **3.** *Obsesseur* : obsédant (archaïsme). \ **4.** *Aïeules* : ancêtres, ascendantes. \ **5.** *Edmond Lepelletier* : fidèle ami et correspondant de Verlaine depuis le collège. \ **6.** *Indolent* : lent, sans vigueur.

Dont les âmes avaient pour meurtrier Paris.
5 Mais tu n'en traînes pas, en tes ondes glacées,
Autant que ton aspect m'inspire de pensées !

Le Tibre[1] a sur ses bords des ruines qui font
Monter le voyageur vers un passé profond,
Et qui, de lierre noir et de lichen[2] couvertes,
10 Apparaissent, tas gris, parmi les herbes vertes.
Le gai Guadalquivir[3] rit aux blonds orangers
Et reflète, les soirs, des boléros[4] légers.
Le Pactole[5] a son or, le Bosphore[6] a sa rive
Où vient faire son kief[7] l'odalisque[8] lascive[9].
15 Le Rhin est un burgrave[10], et c'est un troubadour[11]
Que le Lignon[12], et c'est un ruffian[13] que l'Adour[14].
Le Nil, au bruit plaintif de ses eaux endormies,
Berce de rêve doux le sommeil des momies.
Le grand Meschascébé[15], fier de ses joncs sacrés,
20 Charrie augustement ses îlots mordorés[16],
Et soudain, beau d'éclairs, de fracas et de fastes[17],
Splendidement s'écroule en Niagaras vastes.

---

1. *Le Tibre* : fleuve italien qui coule à Rome. \ **2.** *Lichen* : végétal que l'on rencontre fréquemment sur les troncs des arbres, sur la surface des murs et des rochers et sur le sol des régions les plus inhospitalières. \ **3.** *Guadalquivir* : fleuve espagnol. \ **4.** *Boléros* : airs de danse ou de chant espagnol, à trois temps, de mouvement vif. \ **5.** *Le Pactole* : rivière de Lydie qui, selon la légende, roulait des sables d'or. Elle est devenue, pour cette raison, symbole de richesse. \ **6.** *Le Bosphore* : détroit situé dans l'actuelle Turquie qui relie la mer Noire à la mer de Marmara et marque la limite méridionale entre les continents asiatique et européen. \ **7.** *Kief* : repos absolu au milieu de la journée. \ **8.** *Odalisque* : esclave au service des femmes d'un harem dans l'ancienne Turquie. \ **9.** *Lascive* : sensuelle, voluptueuse. \ **10.** *Burgrave* : titre de noblesse allemand. Allusion à la pièce de Victor Hugo (1802-1885) intitulée *Les Burgraves* (1843). \ **11.** *Troubadour* : poète du Moyen Âge. \ **12.** *Le Lignon* : affluent de la Loire. Allusion à *L'Astrée* (1607-1627) d'Honoré d'Urfé (1557-1625). \ **13.** *Ruffian* : homme débauché, vivant avec des femmes de mauvaise vie, souteneur. \ **14.** *L'Adour* : fleuve du sud-ouest de la France qui prend sa source dans le massif pyrénéen et se jette dans l'océan atlantique. \ **15.** *Meschascébé* : nom indien du fleuve Mississipi. Allusion à *Atala* (1801) de Chateaubriand (1768-1848). \ **16.** *Mordorés* : d'un brun chaud à reflets dorés. \ **17.** *Fastes* : moments favorables, heureux, où tout réussit (on parle de jour, de période faste).

L'Eurotas[1], où l'essaim des cygnes familiers
Mêle sa grâce blanche au vert mat des lauriers,
25 Sous son ciel clair que raie un vol de gypaète[2],
Rythmique et caressant, chante ainsi qu'un poète.
Enfin, Ganga[3], parmi les hauts palmiers tremblants
Et les rouges padmas[4], marche à pas fiers et lents
En appareil royal, tandis qu'au loin la foule
30 Le long des temples va hurlant, vivante houle,
Au claquement massif des cymbales de bois,
Et qu'accroupi, filant ses notes de hautbois,
Du saut de l'antilope agile attendant l'heure,
Le tigre jaune au dos rayé s'étire et pleure.

35 — Toi, Seine, tu n'as rien. Deux quais, et voilà tout,
Deux quais crasseux, semés de l'un à l'autre bout
D'affreux bouquins moisis et d'une foule insigne
Qui fait dans l'eau des ronds et qui pêche à la ligne.
Oui, mais quand vient le soir, raréfiant enfin
40 Les passants alourdis de sommeil ou de faim,
Et que le couchant met au ciel des taches rouges,
Qu'il fait bon aux rêveurs descendre de leurs bouges[5]
Et, s'accoudant au pont de la Cité, devant
Notre-Dame, songer, cœur et cheveux au vent !
45 Les nuages, chassés par la brise nocturne,
Courent, cuivreux et roux, dans l'azur taciturne.
Sur la tête d'un roi du portail, le soleil,
Au moment de mourir, pose un baiser vermeil[6].
L'hirondelle s'enfuit à l'approche de l'ombre,

---

1. *L'Eurotas* : fleuve grec sur les bords duquel se dressait la cité de Sparte. \ **2.** *Gypaète* : grand rapace diurne, comme l'aigle et le vautour. \ **3.** *Ganga* : le Gange, fleuve sacré de l'Inde. Allusion au poème de Leconte de Lisle « Bhagavat », dans lequel le fleuve est personnifié ainsi qu'au poème de Baudelaire intitulé « Danse macabre ». \ **4.** *Padmas* : lotus roses en Inde. \ **5.** *Bouges* : chambres misérables, taudis. \ **6.** *Vermeil* : d'un rouge éclatant.

50 Et l'on voit voleter la chauve-souris sombre.
Tout bruit s'apaise autour. À peine un vague son
Dit que la ville est là qui chante sa chanson,
Qui lèche ses tyrans et qui mord ses victimes ;
Et c'est l'aube des vols, des amours et des crimes.
55 — Puis, tout à coup, ainsi qu'un ténor effaré
Lançant dans l'air bruni son cri désespéré,
Son cri qui se lamente et se prolonge, et crie,
Éclate en quelque coin l'orgue de Barbarie :
Il brame un de ces airs, romances ou polkas,
60 Qu'enfants nous tapotions sur nos harmonicas
Et qui font, lents ou vifs, réjouissants ou tristes,
Vibrer l'âme aux proscrits, aux femmes, aux artistes.
C'est écorché, c'est faux, c'est horrible, c'est dur,
Et donnerait la fièvre à Rossini [1], pour sûr ;
65 Ces rires sont traînés, ces plaintes sont hachées ;
Sur une clef de sol impossible juchées,
Les notes ont un rhume et les *do* sont des *la*,
Mais qu'importe ! l'on pleure en entendant cela !
Mais l'esprit, transporté dans le pays des rêves,
70 Sent à ces vieux accords couler en lui des sèves ;
La pitié monte au cœur et les larmes aux yeux,
Et l'on voudrait pouvoir goûter la paix des cieux,
Et dans une harmonie étrange et fantastique
Qui tient de la musique et tient de la plastique,
75 L'âme, les inondant de lumière et de chant,
Mêle les sons de l'orgue aux rayons du couchant !

— Et puis l'orgue s'éloigne, et puis c'est le silence,
Et la nuit terne arrive, et Vénus se balance
Sur une molle nue au fond des cieux obscurs ;

---

1. *Rossini* (1792-1868) : compositeur italien, célèbre pour ses opéras-comiques.

80 On allume les becs de gaz le long des murs,
   Et l'astre et les flambeaux font des zigzags fantasques [1]
   Dans le fleuve plus noir que le velours des masques ;
   Et le contemplateur sur le haut garde-fou
   Par l'air et par les ans rouillé comme un vieux sou
85 Se penche, en proie aux vents néfastes de l'abîme.
   Pensée, espoir serein, ambition sublime,
   Tout, jusqu'au souvenir, tout s'envole, tout fuit,
   Et l'on est seul avec Paris, l'Onde et la Nuit !

   – Sinistre trinité ! De l'ombre dures portes !
90 Mané-Thécel-Pharès [2] des illusions mortes !
   Vous êtes toutes trois, ô Goules [3] de malheur,
   Si terribles, que l'Homme, ivre de la douleur
   Que lui font en perçant sa chair vos doigts de spectre,
   L'Homme, espèce d'Oreste à qui manque une Électre [4],
95 Sous la fatalité de votre regard creux
   Ne peut rien et va droit au précipice affreux ;
   Et vous êtes aussi toutes trois si jalouses
   De tuer et d'offrir au grand Ver des épouses
   Qu'on ne sait que choisir entre vos trois horreurs,
100 Et si l'on craindrait moins périr par les terreurs
   Des ténèbres que sous l'Eau sourde, l'Eau profonde,
   Ou dans tes bras fardés, Paris, reine du monde !

---

1. *Fantasques* : capricieux, imprévisibles. \ 2. *Mané-Thécel-Pharès* : Balthazar, le dernier roi de Babylone, assiégé par Cyrus dans sa capitale, se livrait à une orgie avec ses courtisans ; par un acte sacrilège, il fit servir sur les tables les vases sacrés que Nabuchodonosor avait autrefois volés au temple de Jérusalem. Cette profanation était à peine commise que le monarque vit avec épouvante une main qui traçait sur la muraille, en traits de flamme, ces mots mystérieux : *Mané, Thécel, Pharès*, que le prophète Daniel, consulté, interpréta ainsi : « Tes jours sont comptés ; tu as été trouvé trop léger dans la balance ; ton royaume sera partagé ». Dans la même nuit, en effet, la ville fut prise. Balthazar fut mis à mort, et la Babylonie fut partagée entre les Perses et les Mèdes. \ 3. *Goules* : vampires femelles qui, selon les superstitions orientales, dévorent les cadavres dans les cimetières. \ 4. *Oreste/Électre* : fils et fille d'Agamemnon et de Clytemnestre, immortalisés par les poètes tragiques Euripide et Sophocle. Ils tuèrent leur mère et son amant Égisthe pour venger l'assassinat de leur père.

     – Et tu coules toujours, Seine, et, tout en rampant,
     Tu traînes dans Paris ton cours de vieux serpent,
105 De vieux serpent boueux, emportant vers tes havres
     Tes cargaisons de bois, de houille[1] et de cadavres !

Marco[2]

     Quand Marco passait, tous les jeunes hommes
     Se penchaient pour voir ses yeux, des Sodomes[3]
     Où les feux d'Amour brûlaient sans pitié
     Ta pauvre cahute, ô froide Amitié ;
5   Tout autour dansaient des parfums mystiques[4]
     Où l'âme en pleurant s'anéantissait ;
     Sur ses cheveux roux un charme glissait ;
     Sa robe rendait d'étranges musiques
             Quand Marco passait.

10 Quand Marco chantait, ses mains sur l'ivoire
     Évoquaient souvent la profondeur noire
     Des airs primitifs que nul n'a redits,
     Et sa voix montait dans les paradis
     De la symphonie immense des rêves,
15 Et l'enthousiasme alors transportait
     Vers des cieux *connus* quiconque écoutait
     Ce timbre d'argent qui vibrait sans trêves,
             Quand Marco chantait.

---

1. *Houille* : combustible proche du charbon. \ **2.** *Marco* : personnage de courtisane sans scrupules, héroïne d'un drame français à la mode. \ **3.** *Sodomes* : l'Ancien Testament décrit les crimes et le châtiment de Sodome, ville biblique détruite par le feu et dont les habitants accusés de sodomie et d'homosexualité furent maudits par Dieu. \ **4.** *Mystiques* : en union parfaite avec Dieu dans la contemplation.

Quand Marco pleurait, ses terribles larmes
20 Défiaient l'éclat des plus belles armes ;
Ses lèvres de sang fonçaient leur carmin
Et son désespoir n'avait rien d'humain ;
Pareil au foyer que l'huile exaspère,
Son courroux croissait, rouge, et l'on aurait
25 Dit d'une lionne à l'âpre forêt
Communiquant sa terrible colère,
   Quand Marco pleurait.

Quand Marco dansait, sa jupe moirée[1]
Allait et venait comme une marée,
30 Et, tel qu'un bambou flexible, son flanc
Se tordait, faisant saillir[2] son sein blanc :
Un éclair partait. Sa jambe de marbre,
Emphatiquement[3] cynique, haussait
Ses mates splendeurs, et cela faisait
35 Le bruit du vent de la nuit dans un arbre,
   Quand Marco dansait.

Quand Marco dormait, oh ! quels parfums d'ambre
Et de chairs mêlés opprimaient la chambre !
Sous les draps la ligne exquise du dos
40 Ondulait, et dans l'ombre des rideaux
L'haleine montait, rythmique et légère ;
Un sommeil heureux et calme fermait
Ses yeux, et ce doux mystère charmait
Les vagues objets parmi l'étagère,
45   Quand Marco dormait.

---

1. *Moirée* : à l'aspect chatoyant, aux reflets ondoyants. \ **2.** *Saillir* : jaillir avec force. \ **3.** *Emphatiquement* : de manière outrancière, exagérée.

Mais quand elle aimait, des flots de luxure
Débordaient, ainsi que d'une blessure
Sort un sang vermeil [1] qui fume et qui bout,
De ce corps cruel que son crime absout ;
50 Le torrent rompait les digues de l'âme,
Noyait la pensée, et bouleversait
Tout sur son passage, et rebondissait
Souple et dévorant comme de la flamme,
     Et puis se glaçait.

César Borgia [2]
Portrait en pied

Sur fond sombre noyant un riche vestibule
Où le buste d'Horace [3] et celui de Tibulle [4],
Lointains et de profil, rêvent en marbre blanc,
La main gauche au poignard et la main droite au flanc,
5 Tandis qu'un rire doux redresse la moustache,
Le duc César [5] en grand costume se détache.
Les yeux noirs, les cheveux noirs et le velours noir
Vont contrastant, parmi l'or somptueux d'un soir,
Avec la pâleur mate et belle du visage
10 Vu de trois quarts et très ombré, suivant l'usage
Des Espagnols ainsi que des Vénitiens

---

1. *Vermeil* : d'un rouge éclatant. \ **2.** *César Borgia* (1475-1507) : fils du pape Alexandre IV, ce prince de la Renaissance, réputé pour la violence de ses crimes politiques, fit assassiner ses principaux ennemis pour prendre le pouvoir. Il est l'emblème du tyran sanguinaire. \ **3.** *Horace* (65-8 av. J.-C.) : illustre poète de l'antiquité romaine. \ **4.** *Tibulle* (48-18 av. J.-C.) : illustre poète de l'antiquité romaine. \ **5.** *Le duc César* (1594-1665) : fils naturel d'Henri IV, César de Vendôme est légitimé dès 1595. En tant que prince de sang, il est dès lors le premier personnage du royaume après les fils légitimes du roi. Il passa une bonne partie de sa vie à intriguer, notamment contre Marie de Médicis, puis contre son demi-frère Louis XIII.

Dans les portraits de rois et de patriciens[1].
Le nez palpite, fin et droit. La bouche, rouge,
Est mince, et l'on dirait que la tenture bouge
15   Au souffle véhément qui doit s'en exhaler.
Et le regard, errant avec laisser-aller
Devant lui, comme il sied aux anciennes peintures,
Fourmille de pensers[2] énormes d'aventures.
Et le front, large et pur, sillonné d'un grand pli,
20   Sans doute de projets formidables rempli,
Médite sous la toque où frissonne une plume
Émise hors d'un nœud de rubis qui s'allume.

La Mort de Philippe II[3]

À *Louis-Xavier de Ricard*[4].

Le coucher d'un soleil de septembre ensanglante
La plaine morne et l'âpre arête des sierras[5]
Et de la brume au loin l'installation lente.

Le Guadarrama[6] pousse entre les sables ras
5 Son flot hâtif qui va réfléchissant par places
Quelques oliviers nains tordant leurs maigres bras.

---

1. *Patriciens* : personnes issues de la noblesse, d'une classe sociale privilégiée. \ 2. *Pensers* : pensées (orthographe vieillie). \ 3. *Philippe II* (1527-1598) : roi d'Espagne de 1555 à sa mort et roi du Portugal à partir de 1580. \ 4. *Louis-Xavier de Ricard* (1843-1911) : poète républicain et anticlérical qui fonde en 1863 *La Revue du progrès* en collaboration avec Verlaine. Il participe également à la revue *Le Parnasse contemporain* créée en 1866 avec Catulle Mendès, où collaborent entre autres Théophile Gautier, Théodore de Banville, José-Maria de Heredia, Leconte de Lisle, Mallarmé, Villier de l'Isle-Adam et Anatole France. \ 5. *Sierras* : chaînes de montagnes aux sommets plats ou accidentés. \ 6. *Guadarrama* : fleuve qui coule dans la sierra de Guadarrama en Espagne.

Le grand vol anguleux des éperviers rapaces
Raye à l'ouest le ciel mat et rouge qui brunit,
Et leur cri rauque grince à travers les espaces.

10 Despotique, et dressant au-devant du zénith[1]
L'entassement brutal de ses tours octogones,
L'Escurial[2] étend son orgueil de granit.

Les murs carrés, percés de vitraux monotones,
Montent droits, blancs et nus, sans autres ornements
15 Que quelques grils[3] sculptés qu'alternent des couronnes.

Avec des bruits pareils aux rudes hurlements
D'un ours que des bergers navrent[4] de coups de pioches
Et dont l'écho redit les râles alarmants,

Torrent de cris roulant ses ondes sur les roches,
20 Et puis s'évaporant en des murmures longs,
Sinistrement dans l'air du soir tintent les cloches.

Par les cours du palais, où l'ombre met ses plombs,
Circule – tortueux serpent hiératique[5] –
Une procession de moines aux frocs[6] blonds

25 Qui marchent un par un, suivant l'ordre ascétique[7]
Et qui, pieds nus, la corde aux reins, un cierge en main,
Ululent[8] d'une voix formidable un cantique.

---

1. *Zénith* : point le plus haut de la course apparente d'un astre. \ **2.** *L'Escurial* : site royal qui se trouve à L'Escurial, commune située à 45 km au nord-ouest de Madrid, dans la sierra de Guadarrama. La construction de ce complexe monumental a été ordonnée par le roi Philippe II, qui y mourut en 1598. \ **3.** *Grils* : instruments servant au supplice du feu. \ **4.** *Navrent* : blessent. \ **5.** *Hiératique* : sacré. \ **6.** *Frocs* : vêtements de moine. \ **7.** *Ascétique* : austère, conformément aux modes de vie des ascètes. \ **8.** *Ululent* : poussent de longs gémissements, des plaintes, qui peuvent rappeler le cri des oiseaux de nuit.

– Qui donc ici se meurt ? Pour qui sur le chemin
Cette paille épandue et ces croix long-voilées
30   Selon le rituel catholique romain ? –

La chambre est haute, vaste et sombre. Niellées[1],
Les portes d'acajou massif tournent sans bruit,
Leurs serrures étant, comme leurs gonds, huilées.

Une vague rougeur plus triste que la nuit
35   Filtre à rais indécis par les plis des tentures
À travers les vitraux où le couchant reluit,

Et fait papilloter sur les architectures,
À l'angle des objets, dans l'ombre du plafond,
Ce halo singulier qu'on voit dans les peintures.

40   Parmi le clair-obscur transparent et profond
S'agitent effarés des hommes et des femmes
À pas furtifs, ainsi que les hyènes font.

Riches, les vêtements des seigneurs et des dames,
Velours, panne[2], satin, soie, hermine[3] et brocart[4],
45   Chantent l'ode du luxe en chatoyantes gammes,

Et, trouant par éclairs distancés avec art
L'opaque demi-jour, les cuirasses de cuivre
Des gardes alignés scintillent de trois quart[5].

---

1. *Niellées* : ornées d'émail noir. \ 2. *Panne* : fourrure souvent employée comme doublure. \ 3. *Hermine* : fourrure à la blancheur immaculée. \ 4. *Brocart* : étoffe brochée de soie, d'or ou d'argent. \ 5. *Trois quart* : cette expression devrait normalement s'orthographier « trois-quarts ».

Un homme en robe noire, à visage de guivre[1],
50 Se penche, en caressant de la main ses fémurs,
Sur un lit, comme l'on se penche sur un livre.

Des rideaux de drap d'or roides comme des murs
Tombent d'un dais[2] de bois d'ébène en droite ligne,
Dardant à temps égaux l'œil des diamants durs.

55 Dans le lit, un vieillard d'une maigreur insigne
Égrène un chapelet, qu'il baise par moment,
Entre ses doigts crochus comme des brins de vigne.

Ses lèvres font ce sourd et long marmottement,
Dernier signe de vie et premier d'agonie,
60 — Et son haleine pue épouvantablement.

Dans sa barbe couleur d'amarante[3] ternie,
Parmi ses cheveux blancs où luisent des tons roux,
Sous son linge bordé de dentelle jaunie,

Avides, empressés, fourmillants et jaloux
65 De pomper tout le sang malsain du mourant fauve,
En bataillons serrés vont et viennent les poux.

C'est le Roi, ce mourant qu'assiste un mire[4] chauve,
Le Roi Philippe Deux d'Espagne[5], – saluez ! –
Et l'aigle autrichien s'effare dans l'alcôve,

---

1. *Guivre* : serpent fantastique préposé, selon certains contes, à la garde d'un trésor. \ **2.** *Dais* : ouvrage dans la forme des anciens ciels de lit et qui sert de couronnement à un autel, à un trône. \ **3.** *Couleur d'amarante* : couleur d'un rouge velouté. \ **4.** *Mire* : médecin, au Moyen Âge et à la Renaissance. \ **5.** *Philippe Deux d'Espagne* (1527-1598) : roi d'Espagne de 1555 à sa mort et roi du Portugal à partir de 1580.

70 Et de grands écussons, aux murailles cloués,
  Brillent, et maints[1] drapeaux où l'oiseau noir s'étale
  Pendent de çà de là, vaguement remués !...

  — La porte s'ouvre. Un flot de lumière brutale
  Jaillit soudain, déferle et bientôt s'établit
75 Par l'ampleur de la chambre en nappe horizontale ;

  Porteurs de torches, roux, et que l'extase emplit,
  Entrent dix capucins[2] qui restent en prière :
  Un d'entre eux se détache et marche droit au lit.

  Il est grand, jeune et maigre, et son pas est de pierre,
80 Et les élancements farouches de la Foi
  Rayonnent à travers les cils de sa paupière ;

  Son pied ferme et pesant et lourd, comme la Loi,
  Sonne sur les tapis, régulier, emphatique[3] :
  Les yeux baissés en terre, il marche droit au Roi.

85 Et tous sur son trajet dans un geste extatique[4]
  S'agenouillent, frappant trois fois du poing leur sein ;
  Car il porte avec lui le sacré Viatique[5].

  Du lit s'écarte avec respect le matassin[6],
  Le médecin du corps, en pareille occurrence,
90 Devant céder la place, Âme, à ton médecin.

---

1. *Maints* : un grand nombre de. \ **2.** *Capucins* : religieux d'une branche réformée de l'ordre de saint François d'Assise. \ **3.** *Emphatique* : qui évoque l'exagération, l'outrance dans le comportement. \ **4.** *Extatique* : qui exprime l'extase, la béatitude, et plus spécifiquement, dans la religion, qui est dépositaire d'une révélation mystique, qui a reçu l'illumination. \ **5.** *Viatique* : sacrement de l'eucharistie administré à un mourant. \ **6.** *Matassin* : médecin bouffon.

La figure du Roi, qu'étire la souffrance,
À l'approche du fray[1] se rassérène un peu,
Tant la religion est grosse d'espérance !

Le moine cette fois ouvrant son œil de feu
95 Tout brillant de pardons mêlés à des reproches,
S'arrête, messager des justices de Dieu.

— Sinistrement dans l'air du soir tintent les cloches.

Et la Confession commence. Sur le flanc
Se retournant, le Roi, d'un ton sourd, bas et grêle[2],
100 Parle de feux, de juifs, de bûchers et de sang.

— « Vous repentiriez-vous par hasard de ce zèle ?
» Brûler des juifs, mais c'est une dilection[3] !
» Vous fûtes, ce faisant, orthodoxe et fidèle. » —

Et se pétrifiant dans l'exaltation,
105 Le Révérend, les bras croisés, tête baissée,
Semble l'esprit sculpté de l'Inquisition[4].

Ayant repris haleine, et d'une voix cassée,
Péniblement, et comme arrachant par lambeaux
Un remords douloureux du fond de sa pensée,

110 Le Roi, dont la lueur tragique des flambeaux
Éclaire le visage osseux et le front blême[5],
Prononce ces mots : Flandre, Albe, morts, sacs, tombeaux.

---

1. *Fray* : frère, au sens de religieux. \ **2.** *Grêle* : aigu et peu intense. \ **3.** *Dilection* : acte inspiré par un amour tendre, purement spirituel. \ **4.** *Inquisition* : tribunal religieux condamnant les hérésies. \ **5.** *Blême* : d'une pâleur maladive.

— « Les Flamands, révoltés contre l'Église même,
» Furent très justement punis, à votre los[1],
115 » Et je m'étonne, ô Roi, de ce doute suprême.

» Poursuivez. » Et le Roi parla de don Carlos[2].
Et deux larmes coulaient tremblantes sur sa joue
Palpitante et collée affreusement à l'os.

— « Vous déplorez cet acte, et moi je vous en loue !
120 » L'Infant[3], certes, était coupable au dernier point,
» Ayant voulu tirer l'Espagne dans la boue

» De l'hérésie anglaise, et de plus n'ayant point
» Frémi de conspirer – ô ruses abhorrées[4] ! –
» Et contre un Père, et contre un Maître, et contre un
[Oint[5] ! » –

125 Le moine ensuite dit les formules sacrées
Par quoi tous nos péchés nous sont remis, et puis,
Prenant l'Hostie avec ses deux mains timorées,

Sur la langue du Roi la déposa. Tous bruits
Se sont tus, et la Cour, pliant dans la détresse,
130 Pria, muette et pâle, et nul n'a su depuis

---

1. *Los* : gloire (archaïsme). \ **2.** *Don Carlos* (1545-1568) : le fils de Philippe II, au caractère violent et vindicatif, que son père disait incapable de gouverner. En 1567, don Carlos osa traiter avec les Pays-Bas (révoltés contre son père). Philippe parut croire que don Carlos avait conspiré contre sa vie et le fit emprisonner. \ **3.** *Infant* : titre donné aux enfants puînés des rois d'Espagne et du Portugal. \ **4.** *Abhorrées* : détestées. \ **5.** *Oint* : l'adjectif *oint* signifie « consacré par une huile sainte » ; le nom, avec une majuscule, désigne le roi.

Si sa prière fut sincère ou bien traîtresse.
– Qui dira les pensers[1] obscurs que protégea
Ce silence, brouillard complice qui se dresse ? –

Ayant communié, le Roi se replongea
135 Dans l'ampleur des coussins, et de la béatitude
De l'Absolution reçue ouvrant déjà

L'œil de son âme au jour clair de la certitude,
Épanouit ses traits en un sourire exquis
Qui tenait de la fièvre et de la quiétude.

140 Et tandis qu'alentour ducs, comtes et marquis,
Pleins d'angoisses, fichaient leurs yeux sous la courtine[2],
L'âme du Roi mourant montait aux cieux conquis.

Puis le râle des morts hurla dans la poitrine
De l'auguste malade avec des sursauts fous :
145 Tel l'ouragan passe à travers une ruine.

Et puis, plus rien ; et puis, sortant par mille trous,
Ainsi que des serpents frileux de leur repaire,
Sur le corps froid les vers se mêlèrent aux poux.

– Philippe Deux était à la droite du Père.

---

1. *Pensers* : pensées (orthographe vieillie). \ 2. *Courtine* : rideau de lit.

ÉPILOGUE

I

Le soleil, moins ardent, luit clair au ciel moins dense.
Balancés par un vent automnal et berceur,
Les rosiers du jardin s'inclinent en cadence.
L'atmosphère ambiante a des baisers de sœur.

5 La Nature a quitté pour cette fois son trône
De splendeur, d'ironie et de sérénité :
Clémente, elle descend, par l'ampleur de l'air jaune,
Vers l'homme, son sujet pervers et révolté

Du pan de son manteau que l'abîme constelle,
10 Elle daigne essuyer les moiteurs[1] de nos fronts,
Et son âme éternelle et sa forme immortelle
Donnent calme et vigueur à nos cœurs mous et prompts.

Le frais balancement des ramures[2] chenues[3],
L'horizon élargi plein de vagues chansons,
15 Tout, jusqu'au vol joyeux des oiseaux et des nues,
Tout, aujourd'hui, console et délivre. — Pensons.

---

1. *Moiteurs* : légères humidités de la peau. \ **2.** *Ramures* : branchages d'un arbre. \ **3.** *Chenues* : vieilles.

II

Donc, c'en est fait. Ce livre est clos. Chères Idées
Qui rayiez mon ciel gris de vos ailes de feu
Dont le vent caressait mes tempes obsédées,
Vous pouvez revoler devers[1] l'Infini bleu !

5 Et toi, Vers qui tintais, et toi, Rime sonore,
Et vous, Rythmes chanteurs, et vous, délicieux
Ressouvenirs, et vous, Rêves, et vous encore,
Images qu'évoquaient mes désirs anxieux,

Il faut nous séparer. Jusqu'aux jours plus propices
10 Où nous réunira l'Art, notre maître, adieu,
Adieux[2], doux compagnons, adieu, charmants complices !
Vous pouvez revoler devers l'Infini bleu.

Aussi bien, nous avons fourni notre carrière
Et le jeune étalon[3] de notre bon plaisir,
15 Tout affolé qu'il est de sa course première,
A besoin d'un peu d'ombre et de quelque loisir.

— Car toujours nous t'avons fixée, ô Poésie,
Notre astre unique et notre unique passion,
T'ayant seule pour guide et compagne choisie,
20 Mère, et nous méfiant de l'Inspiration.

---

1. *Devers* : du côté de (archaïsme). \ **2.** Dans ce cas précis, la formule ne devrait pas s'accorder. \ **3.** *Étalon* : beau cheval pur-sang, destiné à la reproduction et non à la course.

III

Ah ! l'Inspiration superbe et souveraine,
L'Égérie[1] aux regards lumineux et profonds,
Le Genium[2] commode et l'Érato[3] soudaine,
L'Ange des vieux tableaux avec des ors au fond,

5 La Muse, dont la voix est puissante sans doute,
Puisqu'elle fait d'un coup dans les premiers cerveaux,
Comme ces pissenlits dont s'émaille la route,
Pousser tout un jardin de poèmes nouveaux,

La Colombe, le Saint-Esprit, le saint Délire,
10 Les Troubles opportuns, les Transports complaisants,
Gabriel et son luth, Apollon et sa lyre,
Ah ! l'Inspiration, on l'invoque à seize ans !

Ce qu'il nous faut à nous, les Suprêmes Poètes
Qui vénérons les Dieux et qui n'y croyons pas,
15 À nous dont nul rayon n'auréola les têtes,
Dont nulle Béatrix[4] n'a dirigé les pas,

À nous qui ciselons les mots comme des coupes
Et qui faisons des vers émus très froidement,
À nous qu'on ne voit point les soirs aller par groupes
20 Harmonieux au bord des *lacs* et nous pâmant,

---

1. *Égérie* : femme qui passe pour l'inspiratrice d'un homme politique, d'un écrivain, d'un artiste. \ **2.** *Genium* : le génie. \ **3.** *Érato* : dans la mythologie grecque, une des neuf muses, fille de Mnémosyne. Elle est la patronne de la poésie lyrique et érotique. \ **4.** *Béatrix* : muse du poète italien Dante (1265-1321).

Ce qu'il nous faut, à nous, c'est, aux lueurs des lampes,
La science conquise et le sommeil dompté,
C'est le front dans les mains du vieux Faust[1] des estampes[2],
C'est l'Obstination et c'est la Volonté !

25   C'est la Volonté sainte, absolue, éternelle,
Cramponnée au projet comme un noble condor
Aux flancs fumants de peur d'un buffle, et d'un coup d'aile
Emportant son trophée à travers les cieux d'or !

Ce qu'il nous faut à nous, c'est l'étude sans trêve,
30   C'est l'effort inouï, le combat nonpareil[3],
C'est la nuit, l'âpre nuit du travail, d'où se lève
Lentement, lentement, l'Œuvre, ainsi qu'un soleil !

Libre à nos Inspirés, cœurs qu'une œillade enflamme,
D'abandonner leur être aux vents comme un bouleau ;
35   Pauvres gens ! l'Art n'est pas d'éparpiller son âme :
Est-elle en marbre, ou non, la Vénus de Milo ?

Nous donc, sculptons avec le ciseau des Pensées
Le bloc vierge du Beau, Paros[4] immaculé,
Et faisons-en surgir sous nos mains empressées
40   Quelque pure statue au péplos[5] étoilé,

---

1. *Faust* : protagoniste de divers ouvrages dramatiques, Faust est un magicien qui vendit son âme au diable. \ **2.** *Estampes* : gravures destinées à illustrer un texte. \ **3.** *Nonpareil* : à nul autre pareil. \ **4.** *Paros* : roi qui donna son nom à l'île grecque de la mer Égée qu'il occupa dans l'Antiquité. \ **5.** *Péplos* : (ou péplum) vêtement féminin formé d'une grande pièce d'étoffe rectangulaire, maintenue sur les épaules par deux agrafes, avec un rabat retombant à l'extérieur.

Afin qu'un jour, frappant de rayons gris et roses
Le chef-d'œuvre serein, comme un nouveau Memnon [1],
L'Aube-Postérité, fille des Temps moroses [2],
Fasse dans l'air futur retentir notre nom !

---

1. *Memnon* : les colosses de Memnon sont deux sculptures de pierre monumentales situées en Égypte. Elles représentent le pharaon assis sur le trône de ses ancêtres, les mains posées sur les genoux. Une légende raconte qu'au lever du soleil, les statues commencent à émettre des sons, à parler. C'est ainsi qu'au début de l'ère chrétienne, les Grecs attribuèrent l'édifice à Memnon, fils de l'Aurore. Selon la légende homérique, Memnon, tué lors de la guerre de Troie, retrouvait la vie à l'aube et se mettait à chanter. \ **2.** *Moroses* : tristes.

FÊTES GALANTES

Clair de lune[1]

Votre âme est un paysage choisi
Que vont charmant[2] masques et bergamasques[3]
Jouant du luth et dansant et quasi
Tristes sous leurs déguisements fantasques[4].

5   Tout en chantant sur le mode mineur
L'amour vainqueur et la vie opportune[5],
Ils n'ont pas l'air de croire à leur bonheur
Et leur chanson se mêle au clair de lune,

Au calme clair de lune triste et beau[6],
10   Qui fait rêver les oiseaux dans les arbres
Et sangloter d'extase les jets d'eau,
Les grands jets d'eau sveltes parmi les marbres.

---

1. À l'origine, *Fêtes galantes* était le titre de ce poème. Il fut ensuite attribué à l'ensemble du recueil, désormais placé sous le patronage de Jean-Antoine Watteau (1684-1721), peintre du XVIIIe siècle connu sous l'appellation officielle de « peintre des fêtes galantes ». En masquant dans ce poème la référence explicite à Watteau, Verlaine s'inscrit pleinement dans l'esthétique symboliste qui cultive le goût de l'énigme et du secret. \ **2.** *Que vont charmant* : où vont charmant (tournure archaïque) : les danseurs charment, séduisent par leur danse et leur chant ; comme dans un tableau de Watteau, ils décorent l'âme assimilée à un paysage. \ **3.** *Bergamasques* : danseurs. Les Bergamasques désignent à la fois les habitants de Bergame, en Italie, et les anciennes danses populaires particulièrement en vogue dans cette ville. \ **4.** *Fantasques* : capricieux, imprévisibles. \ **5.** *Opportune* : qui vient à propos, qui convient à la situation du moment. \ **6.** Ce vers avait une variante : « Au calme clair de lune de Watteau ». Il s'agit de la deuxième référence à Watteau supprimée.

Pantomime[1]

Pierrot[2], qui n'a rien d'un Clitandre[3],
Vide un flacon sans plus attendre,
Et, pratique, entame un pâté.

Cassandre[4], au fond de l'avenue,
5   Verse une larme méconnue
Sur son neveu déshérité.

Ce faquin d'Arlequin[5] combine
L'enlèvement de Colombine[6]
Et pirouette quatre fois.

10   Colombine rêve, surprise
De sentir un cœur dans la brise
Et d'entendre en son cœur des voix.

Sur l'herbe

L'abbé divague. — Et toi, marquis,
Tu mets de travers ta perruque.
— Ce vieux vin de Chypre est exquis
Moins, Camargo[7], que votre nuque.

---

1. *Pantomime* : spectacle populaire accompagné ou non de musique, où les acteurs s'expriment uniquement par la gestuelle. \ **2.** *Pierrot* : personnage de valet amoureux de Colombine, dans la comédie italienne. Naïf et honnête, il est le héros de nombreuses pantomimes françaises. \ **3.** *Clitandre* : personnage de jeune premier qui apparaît souvent dans les comédies de Molière. \ **4.** *Cassandre* : vieillard ridicule, que tout le monde dupe aisément, dans la comédie italienne. \ **5.** *Arlequin* : rusé, paresseux et coureur de jupon, Arlequin est un autre valet de la comédie italienne. \ **6.** *Colombine* : fille de Cassandre ou de Pantalon, Colombine est dans la comédie italienne tantôt l'amante d'Arlequin, tantôt celle de Pierrot. \ **7.** *Camargo* (1710-1770) : Marie-Anne de Camargo, danseuse et courtisane célèbre au XVIIIe siècle.

5   — Ma flamme… – Do, mi, sol, la, si.
L'abbé, ta noirceur se dévoile !
– Que je meure, Mesdames, si
Je ne vous décroche une étoile !

       – Je voudrais être petit chien !
10   – Embrassons nos bergères l'une
Après l'autre. – Messieurs, eh bien ?
– Do, mi, sol. – Hé ! bonsoir, la Lune !

L'Allée

Fardée et peinte comme au temps des bergeries[1],
Frêle parmi les nœuds énormes de rubans,
Elle passe, sous les ramures[2] assombries,
Dans l'allée où verdit la mousse des vieux bancs,
5   Avec mille façons et mille afféteries[3]
Qu'on garde d'ordinaire aux perruches[4] chéries.
Sa longue robe à queue[5] est bleue, et l'éventail
Qu'elle froisse en ses doigts fluets aux larges bagues
S'égaie en des sujets érotiques, si vagues
10 Qu'elle sourit, tout en rêvant, à maint[6] détail.
— Blonde en somme. Le nez mignon avec la bouche
Incarnadine[7], grasse et divine d'orgueil
Inconscient. — D'ailleurs, plus fine que la mouche[8]
Qui ravive l'éclat un peu niais de l'œil.

---

1. *Bergeries* : genres de poésie pastorale ayant pour thème les amours des bergers. \ **2.** *Ramures* : branchages d'un arbre. \ **3.** *Afféteries* : excès de manières et d'affections contraires au naturel et au bon goût. \ **4.** *Perruches* : femmes bavardes, généralement sottes et vaniteuses. \ **5.** *Robe à queue* : robe longue dont l'arrière traîne à terre. \ **6.** *Maint* : un grand nombre de. \ **7.** *Incarnadine* : d'un rose vif, moins soutenu que l'incarnat. \ **8.** *Mouche* : petite pièce de taffetas ou de velours noir que l'on se collait sur la peau pour en faire ressortir la blancheur et l'éclat. Une fine-mouche est une personne fine et rusée.

À la promenade

Le ciel si pâle et les arbres si grêles[1]
Semblent sourire à nos costumes clairs
Qui vont flottant légers, avec des airs
De nonchalance[2] et des mouvements d'ailes.

5   Et le vent doux ride l'humble bassin,
Et la lueur du soleil qu'atténue
L'ombre des bas tilleuls de l'avenue
Nous parvient bleue et mourante à dessein.

Trompeurs exquis et coquettes charmantes,
10   Cœurs tendres, mais affranchis du serment,
Nous devisons[3] délicieusement,
Et les amants lutinent[4] les amantes,

De qui la main imperceptible sait
Parfois donner un soufflet, qu'on échange
15   Contre un baiser sur l'extrême phalange
Du petit doigt, et comme la chose est

Immensément excessive et farouche,
On est puni par un regard très sec,
Lequel contraste, au demeurant, avec
20   La moue assez clémente de la bouche.

---

1. *Grêles* : dont la minceur est excessive. \ **2.** *Nonchalance* : manque d'énergie, lenteur, mollesse. \ **3.** *Nous devisons* : nous nous entretenons familièrement. \ **4.** *Lutinent* : taquinent une femme dans le but de la séduire.

Dans la grotte

Là ! Je me tue à vos genoux !
Car ma détresse est infinie,
Et la tigresse[1] épouvantable d'Hyrcanie[2]
Est une agnelle au prix de[3] vous.

5   Oui, céans[4], cruelle Clymène[5],
Ce glaive qui, dans maints[6] combats,
Mit tant de Scipions et de Cyrus[7] à bas,
Va finir ma vie et ma peine !

Ai-je même besoin de lui
10 Pour descendre aux Champs-Élysées[8] ?
Amour[9] perça-t-il pas de flèches aiguisées
Mon cœur, dès que votre œil m'eut lui ?

Les Ingénus[10]

Les hauts talons luttaient avec les longues jupes,
En sorte que, selon le terrain et le vent,
Parfois luisaient des bas de jambes, trop souvent
Interceptés ! – et nous aimions ce jeu de dupes.

---

1. *Tigresse* : femme agressive et jalouse. \ **2.** *Hyrcanie* : région d'Asie centrale réputée pour la nature féroce de ses habitants et de ses animaux. \ **3.** *Au prix de* : en comparaison de. \ **4.** *Céans* : ici (archaïsme). \ **5.** *Clymène* : personnage mythologique dont le nom, en poésie, désigne fréquemment la femme aimée. \ **6.** *Maints* : un grand nombre de. \ **7.** *De Scipions et de Cyrus* : de grands conquérants de l'Antiquité. \ **8.** *Champs-Élysées* : dans la mythologie grecque, agréable séjour des héros qui goûtent le repos après leur mort. \ **9.** *Amour* : Éros, dieu de l'amour, dont les flèches provoquaient un coup de foudre immédiat. \ **10.** *Ingénus* : personnes d'une innocence naïve, sans expérience de l'amour.

5   Parfois aussi le dard d'un insecte jaloux
    Inquiétait le col des belles sous les branches,
    Et c'étaient des éclairs soudains de nuques blanches,
    Et ce régal comblait nos jeunes yeux de fous.

    Le soir tombait, un soir équivoque d'automne :
10 Les belles, se pendant rêveuses à nos bras,
    Dirent alors des mots si spécieux[1], tout bas,
    Que notre âme, depuis ce temps, tremble et s'étonne.

Cortège

    Un singe en veste de brocart[2]
    Trotte et gambade devant elle
    Qui froisse un mouchoir de dentelle
    Dans sa main gantée avec art,

5   Tandis qu'un négrillon tout rouge
    Maintient à tour de bras les pans
    De sa lourde robe en suspens,
    Attentif à tout pli qui bouge ;

    Le singe ne perd pas des yeux
10 La gorge blanche de la dame,
    Opulent[3] trésor que réclame
    Le torse nu de l'un des dieux ;

    Le négrillon parfois soulève
    Plus haut qu'il ne faut, l'aigrefin[4],

---

1. *Spécieux* : séduisants par de fausses apparences, destinés à tromper. \ **2.** *Brocart* : étoffe brochée de soie, d'or ou d'argent. \ **3.** *Opulent* : riche. \ **4.** *Aigrefin* : coquin, canaille.

15 Son fardeau somptueux, afin
    De voir ce dont la nuit il rêve ;

    Elle va par les escaliers,
    Et ne paraît pas davantage
    Sensible à l'insolent suffrage [1]
20 De ses animaux familiers.

Les Coquillages

    Chaque coquillage incrusté
    Dans la grotte où nous nous aimâmes
    A sa particularité.

    L'un a la pourpre [2] de nos âmes
5   Dérobée au sang de nos cœurs
    Quand je brûle et que tu t'enflammes ;

    Cet autre affecte tes langueurs [3]
    Et tes pâleurs alors que, lasse,
    Tu m'en veux de mes yeux moqueurs ;

10 Celui-ci contrefait la grâce
    De ton oreille, et celui-là
    Ta nuque rose, courte et grasse ;

    Mais un, entre autres, me troubla.

1. *Suffrage* : témoignage de satisfaction donné à quelqu'un. \ 2. *Pourpre* : couleur d'un rouge vif, symbole de richesse et d'une haute dignité sociale. \ 3. *Langueurs* : états d'affaiblissement physique ou moral.

En patinant [1]

Nous fûmes dupes, vous et moi,
De manigances [2] mutuelles,
Madame, à cause de l'émoi
Dont l'Été férut [3] nos cervelles.

5   Le Printemps avait bien un peu
Contribué, si ma mémoire
Est bonne, à brouiller notre jeu,
Mais que d'une façon moins noire !

Car au printemps l'air est si frais
10 Qu'en somme les roses naissantes,
Qu'Amour semble entr'ouvrir exprès,
Ont des senteurs presque innocentes ;

Et même les lilas ont beau
Pousser leur haleine poivrée
15 Dans l'ardeur du soleil nouveau :
Cet excitant au plus récrée [4],

Tant le zéphir [5] souffle, moqueur,
Dispersant l'aphrodisiaque
Effluve, en sorte que le cœur
20 Chôme et que même l'esprit vaque [6],

---

1. *Patinant* : outre les sens courant, *patiner* signifiait, au XVIIIᵉ siècle, « caresser indiscrètement ».
\ **2.** *Manigances* : manœuvres secrètes et sans gravité, faites pour tromper quelqu'un ou l'amener à faire ce que l'on veut. \ **3.** *Férut* : frappa (passé simple du verbe *férir*). \ **4.** *Récrée* : délasse.
\ **5.** *Zéphir* : le zéphyr est un vent d'ouest, doux et agréable. \ **6.** *Vaque* : est inactif.

Et qu'émoustillés, les cinq sens
Se mettent alors de la fête,
Mais seuls, tout seuls, bien seuls et sans
Que la crise monte à la tête.

25 Ce fut le temps, sous de clairs ciels,
(Vous en souvenez-vous, Madame ?)
Des baisers superficiels
Et des sentiments à fleur d'âme.

Exempts de folles passions,
30 Pleins d'une bienveillance amène [1],
Comme tous deux nous jouissions
Sans enthousiasme – et sans peine !

Heureux instants ! – mais vint l'Été :
Adieu, rafraîchissantes brises !
35 Un vent de lourde volupté
Investit nos âmes surprises.

Des fleurs aux calices [2] vermeils [3]
Nous lancèrent leurs odeurs mûres,
Et partout les mauvais conseils
40 Tombèrent sur nous des ramures [4].

Nous cédâmes à tout cela,
Et ce fut un bien ridicule
Vertigo [5] qui nous affola
Tant que dura la canicule.

---

1. *Amène* : agréable. \ **2.** *Calices* : enveloppes extérieures de la fleur. \ **3.** *Vermeils* : d'un rouge éclatant. \ **4.** *Ramures* : branchages d'un arbre. \ **5.** *Vertigo* : caprice, grain de folie.

45 Rires oiseux[1], pleurs sans raisons,
    Mains indéfiniment pressées,
    Tristesses moites[2], pâmoisons[3],
    Et quel vague dans les pensées !

    L'Automne, heureusement, avec
50 Son jour froid et ses bises rudes,
    Vint nous corriger, bref et sec,
    De nos mauvaises habitudes,

    Et nous induisit[4] brusquement
    En l'élégance réclamée
55 De tout irréprochable amant
    Comme de toute digne aimée…

    Or[5], c'est l'Hiver, Madame, et nos
    Parieurs tremblent pour leur bourse,
    Et déjà les autres traîneaux
60 Osent nous disputer la course.

    Les deux mains dans votre manchon,
    Tenez-vous bien sur la banquette
    Et filons ! – et bientôt Fanchon[6]
    Nous fleurira – quoi qu'on caquette !

---

1. *Oiseux* : inutiles, vides de sens. \ **2.** *Moites* : légèrement humides. \ **3.** *Pâmoisons* : états de faiblesse et d'abandon éprouvés sous l'effet d'une vive émotion. \ **4.** *Nous induisit* : nous amena. \ **5.** *Or* : maintenant (archaïsme). \ **6.** *Fanchon* : personnage type de la jeune fille du peuple se laissant facilement courtiser.

Fantoches[1]

Scaramouche et Pulcinella[2]
Qu'un mauvais dessein rassembla
Gesticulent, noirs sur la lune.

Cependant l'excellent docteur
Bolonais[3] cueille avec lenteur
Des simples[4] parmi l'herbe brune.

Lors sa fille[5], piquant minois,
Sous la charmille[6], en tapinois[7],
Se glisse, demi-nue, en quête

De son beau pirate espagnol,
Dont un langoureux rossignol
Clame la détresse à tue-tête.

Cythère[8]

Un pavillon à claires-voies
Abrite doucement nos joies
Qu'éventent des rosiers amis ;

---

1. *Fantoches* : marionnettes articulées, actionnées à l'aide de fils. Par extension, personnages de théâtre dénués de consistance et de vraisemblance. \ **2.** *Scaramouche et Pulcinella* : dans la comédie italienne, Scaramouche est un valet bouffon tout vêtu de noir. Pulcinella est le nom italien de Polichinelle, valet fourbe et bossu, toujours prêt à faire un mauvais coup. \ **3.** *L'excellent docteur bolonais* : dans la comédie italienne, il est un juriste et un médecin aux remèdes plus ou moins farfelus. \ **4.** *Simples* : plantes médicinales utilisées telles qu'elles sont fournies par la nature. \ **5.** *Sa fille* : peut-être Colombine, femme de chambre piquante et indépendante. \ **6.** *Charmille* : ensemble d'arbustes plantés et taillés pour former une haie ou une tonnelle. Par extension, lieu d'intimité et de plaisir. \ **7.** *En tapinois* : en se cachant, à la dérobée. \ **8.** *Cythère* : île consacrée à Aphrodite, déesse de l'Amour.

L'odeur des roses, faible, grâce
Au vent léger d'été qui passe,
Se mêle aux parfums qu'elle a mis ;

Comme ses yeux l'avaient promis,
Son courage est grand et sa lèvre
Communique une exquise fièvre ;

Et l'Amour comblant tout, hormis
La faim, sorbets et confitures
Nous préservent des courbatures.

En bateau

L'étoile du berger tremblote
Dans l'eau plus noire et le pilote
Cherche un briquet dans sa culotte.

C'est l'instant, Messieurs, ou jamais,
D'être audacieux, et je mets
Mes deux mains partout désormais !

Le chevalier Atys, qui gratte
Sa guitare, à Chloris l'ingrate
Lance une œillade scélérate[1].

---

1. *Scélérate* : perfide, traître.

10 L'abbé confesse bas Églé[1],
    Et ce vicomte déréglé
    Des champs donne à son cœur la clé.

    Cependant la lune se lève
    Et l'esquif[2] en sa course brève
15 File gaîment sur l'eau qui rêve.

Le Faune[3]

    Un vieux faune de terre cuite
    Rit au centre des boulingrins[4],
    Présageant sans doute une suite
    Mauvaise à ces instants sereins

5   Qui m'ont conduit et t'ont conduite,
    – Mélancoliques pèlerins, –
    Jusqu'à cette heure dont la fuite
    Tournoie au son des tambourins.

---

1. *Atys/Chloris/Églé* : dans la pastorale galante grecque, Atys est amoureux d'une nymphe (Sangaride, confondue ici avec Chloris, déesse des fleurs) promise à un autre. Églé est retenue captive de Thésée qu'elle aime en secret. \ **2.** *Esquif* : petite embarcation légère. \ **3.** *Faune* : petit dieu bienveillant et protecteur des troupeaux, créé à l'image du dieu Pan, personnifiant la fécondité de la nature. On le figurait velu, cornu, avec des pieds de chèvres et des oreilles mobiles. \ **4.** *Boulingrins* : parterres de gazon entouré le plus souvent de bordures (de l'anglais « bowling-green »).

Mandoline

Les donneurs de sérénades [1]
Et les belles écouteuses
Échangent des propos fades
Sous les ramures [2] chanteuses.

5 C'est Tircis et c'est Aminte [3],
Et c'est l'éternel Clitandre,
Et c'est Damis [4] qui pour mainte
Cruelle fait maint [5] vers tendre.

Leurs courtes vestes de soie,
10 Leurs longues robes à queues,
Leur élégance, leur joie
Et leurs molles ombres bleues

Tourbillonnent dans l'extase
D'une lune rose et grise,
15 Et la mandoline jase
Parmi les frissons de brise.

---

1. *Sérénades* : au sens propre, chants accompagnés ou non d'instruments, que l'on interprétait la nuit sous les fenêtres d'une personne pour l'honorer ou la séduire. \ **2.** *Ramures* : branchages d'un arbre. \ **3.** *Tircis/Aminte* : dans la pastorale *Aminta* du poète italien Le Tasse (1544-1595), Aminte et Tircis sont amants. \ **4.** *Damis* : Damis et Clitandre sont dans la comédie traditionnelle des figures stéréotypées d'amoureux transis. \ **5.** *Maint* : un grand nombre de.

À Clymène[1]

Mystiques[2] barcarolles[3],
Romances sans paroles[4],
Chère, puisque tes yeux,
   Couleur des cieux,

5   Puisque ta voix, étrange
Vision qui dérange
Et trouble l'horizon
   De ma raison,

Puisque l'arôme insigne
10 De ta pâleur de cygne,
Et puisque la candeur[5]
   De ton odeur,

Ah ! puisque tout ton être,
Musique qui pénètre,
15 Nimbes[6] d'anges défunts,
   Tons et parfums,

A, sur d'almes[7] cadences,
En ses correspondances
Induit mon cœur subtil,
20   Ainsi soit-il !

---

1. *Clymène* : divinité féminine qui peuple bois, eaux et montagnes. Dans la mythologie grecque, Clymène est une océanide, fille d'Océan et de Téthys (nymphe des eaux). \ **2.** *Mystiques* : en union parfaite avec Dieu dans la contemplation. \ **3.** *Barcarolles* : chants des gondoliers vénitiens. \ **4.** *Romances sans paroles* : première apparition de cette expression – empruntée au compositeur Mendelssohn – qui donnera son titre au quatrième recueil de poèmes de Verlaine. \ **5.** *Candeur* : innocence ou, étymologiquement, blancheur. \ **6.** *Nimbes* : halo de lumière qui entoure la tête des personnages sacrés comme les dieux ou les saints. \ **7.** *Almes* : vénérables (latinisme).

Lettre

Éloigné de vos yeux, Madame, par des soins
Impérieux (j'en prends tous les dieux à témoins),
Je languis et me meurs, comme c'est ma coutume
En pareil cas, et vais, le cœur plein d'amertume,
5 À travers des soucis où votre ombre me suit,
Le jour dans mes pensers[1], dans mes rêves la nuit,
Et la nuit et le jour, adorable Madame !
Si bien qu'enfin, mon corps faisant place à mon âme,
Je deviendrai fantôme à mon tour aussi, moi,
10 Et qu'alors, et parmi le lamentable émoi
Des enlacements vains et des désirs sans nombre,
Mon ombre se fondra pour jamais en votre ombre.

En attendant, je suis, très chère, ton valet.

Tout se comporte-t-il là-bas comme il te plaît,
15 Ta perruche, ton chat, ton chien ? La compagnie
Est-elle toujours belle, et cette Silvanie
Dont j'eusse aimé l'œil noir si le tien n'était bleu,
Et qui parfois me fit des signes, palsambleu[2] !
Te sert-elle toujours de douce confidente ?

20 Or, Madame, un projet impatient me hante
De conquérir le monde et tous ses trésors pour
Mettre à vos pieds ce gage – indigne – d'un amour
Égal à toutes les flammes les plus célèbres
Qui des grands cœurs aient fait resplendir les ténèbres.

---

1. *Pensers* : pensées (orthographe vieillie). \ **2.** *Palsambleu* : juron souvent employé dans des comédies mettant en scène des paysans.

₂₅ Cléopâtre fut moins aimée, oui, sur ma foi !
Par Marc-Antoine et par César[1] que vous par moi,
N'en doutez pas, Madame, et je saurai combattre
Comme César pour un sourire, ô Cléopâtre,
Et comme Antoine fuir au seul prix d'un baiser.

₃₀ Sur ce, très chère, adieu. Car voilà trop causer,
Et le temps que l'on perd à lire une missive
N'aura jamais valu la peine qu'on l'écrive.

Les Indolents [2]

— Bah ! malgré les destins jaloux,
Mourons ensemble, voulez-vous ?
— La proposition est rare.

— Le rare est le bon. Donc mourons
₅   Comme dans les Décamérons[3].
— Hi ! hi ! hi ! quel amant bizarre !

— Bizarre, je ne sais. Amant
Irréprochable, assurément.
Si vous voulez, mourons ensemble ?

₁₀ — Monsieur, vous raillez mieux encor
Que vous n'aimez, et parlez d'or ;
Mais taisons-nous, si bon vous semble ! —

---

1. *Marc-Antoine/César* : de grands chefs militaires romains qui furent amants de Cléopâtre, reine d'Égypte. \ **2.** *Indolents* : lents, sans vigueur. \ **3.** *Décamérons* : recueil de cent nouvelles licencieuses et spirituelles écrites par Boccace (1313-1375), racontées en dix jours par dix jeunes gens (*deca* signifie « dix » en grec), tous réunis à la campagne pour fuir la peste.

Si bien que ce soir-là Tircis
Et Dorimène[1], à deux assis
Non loin de deux sylvains[2] hilares,

Eurent l'inexpiable tort
D'ajourner une exquise mort.
Hi ! hi ! hi ! les amants bizarres.

Colombine[3]

Léandre[4] le sot,
Pierrot qui d'un saut
    De puce
Franchit le buisson,
Cassandre sous son
    Capuce[5],

Arlequin aussi,
Cet aigrefin[6] si
    Fantasque[7]
Aux costumes fous,
Ses yeux luisant sous
    Son masque,

---

1. *Tircis et Dorimène* : noms littéraires fréquents au XVIIᵉ siècle. Tircis est un beau berger symbolisant l'amour ; Dorimène est une séductrice qui multiplie les amants. \ **2.** *Sylvains* : génies de la forêt et compagnons de Pan (du latin *silva*, qui signifie « la forêt »). \ **3.** *Colombine* : fille de Cassandre (vieillard ridicule, que tout le monde dupe aisément) ou de Pantalon, Colombine est dans la comédie italienne tantôt l'amante d'Arlequin (valet rusé, paresseux et coureur), tantôt celle de Pierrot (valet naïf et honnête). \ **4.** *Léandre* : personnage d'amoureux dans les comédies de Racine et de Molière. \ **5.** *Capuce* : petit capuchon. \ **6.** *Aigrefin* : coquin, canaille. \ **7.** *Fantasque* : capricieux, imprévisible.

    – Do, mi, sol, mi, fa, –
    Tout ce monde va,
15   Rit, chante
    Et danse devant
    Une belle enfant
          Méchante

    Dont les yeux pervers
20   Comme les yeux verts
          Des chattes
    Gardent ses appas
    Et disent : « À bas
         Les pattes ! »

25   – Eux ils vont toujours !
    Fatidique cours
          Des astres,
    Oh ! dis-moi vers quels
    Mornes ou cruels
30   Désastres

    L'implacable enfant,
    Preste et relevant
          Ses jupes,
    La rose au chapeau,
35   Conduit son troupeau
          De dupes ?

L'Amour par terre

Le vent de l'autre nuit a jeté bas l'Amour[1]
Qui, dans le coin le plus mystérieux du parc,
Souriait en bandant malignement son arc,
Et dont l'aspect nous fit tant songer tout un jour !

5   Le vent de l'autre nuit l'a jeté bas ! Le marbre
Au souffle du matin tournoie, épars[2]. C'est triste
De voir le piédestal, où le nom de l'artiste
Se lit péniblement parmi l'ombre d'un arbre,

Oh ! c'est triste de voir debout le piédestal
10   Tout seul ! Et des pensers[3] mélancoliques vont
Et viennent dans mon rêve où le chagrin profond
Évoque un avenir solitaire et fatal.

Oh ! c'est triste ! – Et toi-même, est-ce pas[4] ? es touchée
D'un si dolent[5] tableau, bien que ton œil frivole
15   S'amuse au papillon de pourpre[6] et d'or qui vole
Au-dessus des débris dont l'allée est jonchée.

---

1. *L'Amour* : la statue du dieu Amour, petit enfant joufflu portant carquois et flèches, que le vent a renversé. \ **2.** *Épars* : dispersé. \ **3.** *Pensers* : pensées (orthographe vieillie). \ **4.** *Est-ce pas* : n'est-ce pas (élision nécessaire à la métrique). \ **5.** *Dolent* : souffrant d'un malaise diffus ressenti avec passivité. \ **6.** *Pourpre* : couleur d'un rouge vif, symbole de richesse et d'une haute dignité sociale.

En sourdine [1]

Calmes dans le demi-jour
Que les branches hautes font,
Pénétrons bien notre amour
De ce silence profond.

5   Fondons nos âmes, nos cœurs
Et nos sens extasiés,
Parmi les vagues langueurs [2]
Des pins et des arbousiers [3].

Ferme tes yeux à demi,
10   Croise tes bras sur ton sein,
Et de ton cœur endormi
Chasse à jamais tout dessein.

Laissons-nous persuader
Au souffle berceur et doux
15   Qui vient à tes pieds rider
Les ondes de gazon roux.

Et quand, solennel, le soir
Des chênes noirs tombera,
Voix de notre désespoir,
20   Le rossignol chantera.

---

1. *En sourdine* : sans bruit, secrètement, à la dérobée. \ 2. *Langueurs* : états d'affaiblissement physique ou moral. \ 3. *Arbousiers* : arbrisseaux du midi méditerranéen.

Colloque[1] sentimental

Dans le vieux parc solitaire et glacé,
Deux formes ont tout à l'heure passé.

Leurs yeux sont morts et leurs lèvres sont molles,
Et l'on entend à peine leurs paroles.

5 Dans le vieux parc solitaire et glacé,
Deux spectres ont évoqué le passé.

 — Te souvient-il de notre extase ancienne ?
 — Pourquoi voulez-vous donc qu'il m'en souvienne ?

 — Ton cœur bat-il toujours à mon seul nom ?
10 Toujours vois-tu mon âme en rêve ? — Non.

 — Ah ! les beaux jours de bonheur indicible
 Où nous joignions nos bouches ! — C'est possible.

 — Qu'il était bleu, le ciel, et grand, l'espoir !
 — L'espoir a fui, vaincu, vers le ciel noir.

15 Tels ils marchaient dans les avoines folles,
Et la nuit seule entendit leurs paroles.

---

1. *Colloque* : conversation entre deux ou plusieurs personnes.

ROMANCES
SANS PAROLES

ARIETTES[1] OUBLIÉES

I

Le vent dans la plaine
Suspend son haleine[2].
(Favart.)

C'est l'extase langoureuse,
C'est la fatigue amoureuse,
C'est tous les frissons des bois
Parmi l'étreinte des brises,
C'est, vers les ramures[3] grises,
Le chœur des petites voix.

Ô le frêle et frais murmure !
Cela gazouille et susurre[4],
Cela ressemble au cri doux
Que l'herbe agitée expire…
Tu dirais, sous l'eau qui vire,
Le roulis sourd des cailloux.

Cette âme qui se lamente
En cette plainte dormante

---

1. *Ariette* : petite *aria*, air vif et léger, chanté par une seule voix et accompagné d'un seul instrument, qui, aux XVIIe et XVIIIe siècles, alternait avec le texte d'une comédie ou venait interrompre le dialogue parlé d'un opéra-comique. \ **2.** L'épigraphe est tirée de *Ninette à la cour ou Le Caprice amoureux*, comédie en deux actes mêlée d'ariettes, composée en 1756 par Charles-Simon Favart (1710-1792), qui fut directeur de l'opéra-comique en 1757. \ **3.** *Ramures* : branchages d'un arbre. \ **4.** *Susurre* : chuchote, murmure doucement avec une voix légèrement sifflante.

15   C'est la nôtre, n'est-ce pas ?
      La mienne, dis, et la tienne,
      Dont s'exhale l'humble antienne[1]
      Par ce tiède soir, tout bas ?

                    II

      Je devine, à travers un murmure,
      Le contour subtil des voix anciennes
      Et dans les lueurs musiciennes,
      Amour pâle, une aurore future !

5   Et mon âme et mon cœur en délires
      Ne sont plus qu'une espèce d'œil double
      Où tremblote à travers un jour trouble
      L'ariette, hélas ! de toutes lyres !

      Ô mourir de cette mort seulette
10   Que s'en vont, – cher amour qui t'épeures[2], –
      Balançant jeunes et vieilles heures[3] !
      Ô mourir de cette escarpolette[4] !

---

1. *Antienne* : refrain, exécuté par deux chœurs se répondant alternativement, qui se répète ordinairement dans l'office ecclésiastique entre un psaume ou un cantique. \ **2.** *Qui t'épeures* : qui te fais peur, qui t'effraies. \ **3.** *Que s'en vont {…} balançant* : où les jeunes et vieilles heures s'en vont balançant. *Balançant* : mettre en balance, comparer sans se décider pour le suicide (« la mort seulette ») ou la vie. \ **4.** *L'escarpolette* : petite balançoire, chère à Watteau et à Fragonard, qui matérialise le balancement, l'hésitation de l'âme.

III

*Il pleut doucement
sur la ville*[1].
(Arthur Rimbaud.)

Il pleure dans mon cœur
Comme il pleut sur la ville ;
Quelle est cette langueur[2]
Qui pénètre mon cœur ?

5   Ô bruit doux de la pluie
Par terre et sur les toits !
Pour un cœur qui s'ennuie
Ô le chant de la pluie !

Il pleure sans raison
10   Dans ce cœur qui s'écœure.
Quoi ! nulle trahison ?…
Ce deuil est sans raison.

C'est bien la pire peine
De ne savoir pourquoi
15   Sans amour et sans haine
Mon cœur a tant de peine !

---

1. Fausse attribution de cette épigraphe à Rimbaud. \ **2.** *Langueur* : état d'affaiblissement physique ou moral.

IV

De la douceur, de la douceur,
de la douceur.
(Inconnu[1].)

Il faut, voyez-vous, nous pardonner les choses :
De cette façon nous serons bien heureuses
Et si notre vie a des instants moroses[2],
Du moins nous serons, n'est-ce pas ? deux pleureuses.

5   Ô que nous mêlions, âmes sœurs que nous sommes,
À nos vœux confus la douceur puérile
De cheminer loin des femmes et des hommes,
Dans le frais oubli de ce qui nous exile !

Soyons deux enfants, soyons deux jeunes filles
10   Éprises de rien et de tout étonnées
Qui s'en vont pâlir sous les chastes charmilles[3]
Sans même savoir qu'elles sont pardonnées.

---

1. *Inconnu* : Verlaine est l'inconnu de cette épigraphe puisque cette citation est extraite du premier vers de «Lassitude», cinquième poème saturnien à résonance érotique. \ **2.** *Moroses* : tristes. \ **3.** *Charmilles* : ensembles d'arbustes plantés et taillés pour former une haie ou une tonnelle. Par extension, lieux d'intimité et de plaisir.

V

Son joyeux, importun,
d'un clavecin sonore.
(Pétrus Borel[1].)

Le piano que baise une main frêle
Luit dans le soir rose et gris vaguement,
Tandis qu'avec un très léger bruit d'aile
Un air bien vieux, bien faible et bien charmant
Rôde discret, épeuré quasiment,
Par le boudoir[2] longtemps parfumé d'Elle.

Qu'est-ce que c'est que ce berceau soudain
Qui lentement dorlote mon pauvre être ?
Que voudrais-tu de moi, doux Chant badin[3] ?
Qu'as-tu voulu, fin refrain incertain
Qui vas tantôt mourir vers la fenêtre
Ouverte un peu sur le petit jardin ?

VI

C'est le chien de Jean de Nivelle[4]
Qui mord sous l'œil même du Guet[5]

---

1. *Pétrus Borel* (1809-1859) : auteur romantique mineur, qui publia en 1832 le recueil *Rhapsodies*, où figure le poème « Doléance » d'où ce vers est tiré. \ **2.** *Boudoir* : petite pièce élégante dans laquelle la maîtresse de maison se retire pour être seule ou s'entretenir avec des intimes. \ **3.** *Badin* : qui manifeste un naturel gai et enjoué, parfois un peu moqueur. \ **4.** *Jean de Nivelle* (1422-1477) : fils du très puissant Jean de Montmorency, qui quitta le parti de Louis XI pour s'attacher au duc de Bourgogne en 1454. Son père qui le somma en vain de rentrer dans le devoir, le déshérita et lui donna l'épithète injurieuse de *chien*. L'expression de « chien de Jean Nivelle, qui fuit quand on l'appelle » est depuis devenue proverbiale. La tradition populaire a plus souvent retenu du mot « chien » le sens d'animal que celui d'insulte. \ **5.** *Guet* : au Moyen Âge, patrouille de soldats chargés d'assurer la sécurité d'une ville pendant la nuit.

Le chat de la mère Michel.
François-les-bas-bleus [1] s'en égaie.

5   La Lune à l'écrivain public
Dispense sa lumière obscure
Où Médor avec Angélique [2]
Verdissent sur le pauvre mur.

Et voici venir La Ramée [3]
10   Sacrant, en bon soldat du Roy.
Sous son habit blanc mal famé
Son cœur ne se tient pas de joie :

Car la Boulangère… – Elle ? – Oui dam !
Bernant Lustucru [4], son vieil homme,
15   A tantôt couronné sa flamme…
Enfants, *Dominus vobiscum* [5] !

Place ! En sa longue robe bleue
Toute en satin qui fait frou-frou,

---

1. *François-les-bas-bleus* : les bas-bleus sont des pantalons que portait sempiternellement le héros d'un conte de Charles Nodier (1780-1844), *Jean-François-les-bas-bleus* (1832), personnage de savant qui passe pour un idiot et un fou à la suite d'une déception amoureuse. Dans la tradition, il incarne le type même de l'ahuri et du distrait, plus habile cependant qu'il n'y paraît. \ **2.** *Médor avec Angélique* : deux personnages du *Roland furieux* (1502), poème héroï-comique de l'Arioste (1474-1533). Mariés, ils vivent leur idylle dans des lieux naturels et sauvages et gravent leurs deux noms sur tous les arbres qu'ils rencontrent. \ **3.** *La Ramée* : surnom traditionnel donné aux soldats. L'habit blanc désigne celui-ci comme un fantassin de l'armée régulière. \ **4.** *Lustucru* : niais qui s'étonne aux récits qu'on lui fait (« L'eusses-tu cru ? ») sans en mettre la véracité en doute. C'est le type même du mari trompé. La boulangère, dans la tradition, désigne en effet une femme volage et frivole. \ **5.** *Dominus vobiscum* : « Que le seigneur soit avec vous ! » (formule traditionnelle de la liturgie catholique).

C'est une impure, palsambleu[1] !
20 Dans sa chaise qu'il faut qu'on loue,

Fût-on philosophe ou grigou[2],
Car tant d'or s'y relève en bosse[3]
Que ce luxe insolent bafoue
Tout le papier de Monsieur Los[4] !

25 Arrière, robin crotté[5] ! place,
Petit courtaud[6], petit abbé,
Petit poète jamais las
De la rime non attrapée !…

Voici que la nuit vraie arrive…
30 Cependant jamais fatigué
D'être inattentif et naïf,
François-les-bas-bleus s'en égaie.

---

1. *Palsambleu* : juron souvent employé dans des comédies mettant en scène des paysans.
\ **2.** *Grigou* : homme d'une avarice mesquine et sordide, généralement de commerce peu
agréable. \ **3.** *Car tant d'or s'y relève en bosse* : allusion aux *Femmes savantes* (III, 2), comédie
de Molière (1672). \ **4.** *Monsieur Los* : orthographe fantaisiste qui restitue la prononcia-
tion populaire du financier écossais John Law (1671-1729). Ce contrôleur général des
finances du régent Philippe d'Orléans est l'inventeur du billet de banque. Son système éco-
nomique provoqua la banqueroute de l'État et de nombreux actionnaires, qui ne purent
récupérer leur or en échange du papier-monnaie nouvellement mis en circulation. \ **5.** *Robin
crotté* : le motif du poète crotté renvoie au stéréotype de l'écrivain famélique, qui vivait de
sa plume et dépendait d'un mécène bien intentionné. \ **6.** *Courtaud* : commis de boutique.
Mais on ne peut exclure une connotation sexuelle, les courtauds étant aussi des chiens et
des chevaux auxquels on a coupé les oreilles et la queue. Comme François-les-bas-bleus, le
robin et l'abbé, il rejoint la foule des piteux à la virilité incertaine.

VII

Ô triste, triste était mon âme
À cause, à cause d'une femme.

Je ne me suis pas consolé
5 Bien que mon cœur s'en soit allé,

Bien que mon cœur, bien que mon âme
Eussent fui loin de cette femme.

Je ne me suis pas consolé,
Bien que mon cœur s'en soit allé.

10

Et mon cœur, mon cœur trop sensible
Dit à mon âme : Est-il possible,

Est-il possible, – le fût-il, –
Ce fier[1] exil, ce triste exil ?

Mon âme dit à mon cœur : Sais-je
15 Moi-même que nous veut ce piège

D'être présents bien qu'exilés,
Encore que loin en allés ?

---

1. *Fier* : féroce (latinisme).

VIII

Dans l'interminable
Ennui de la plaine
La neige incertaine
Luit comme du sable.

5   Le ciel est de cuivre
Sans lueur aucune.
On croirait voir vivre
Et mourir la lune.

Comme des nuées
10   Flottent gris les chênes
Des forêts prochaines
Parmi les buées.

Le ciel est de cuivre
Sans lueur aucune.
15   On croirait voir vivre
Et mourir la lune.

Corneille poussive[1]
Et vous, les loups maigres,
Par ces bises aigres[2]
20   Quoi donc vous arrive ?

---

1. *Poussive* : qui se traîne en soufflant, avance en peinant. \ **2.** *Aigres* : perçantes.

Dans l'interminable
Ennui de la plaine
La neige incertaine
Luit comme du sable.

IX

> *Le rossignol qui du haut d'une*
> *branche se regarde dedans, croit être*
> *tombé dans la rivière. Il est au som-*
> *met d'un chêne et toutefois il a peur*
> *de se noyer*[1].
> (Cyrano de Bergerac[2].)

L'ombre des arbres dans la rivière embrumée
Meurt comme de la fumée
Tandis qu'en l'air, parmi les ramures[3] réelles,
Se plaignent les tourterelles.

5   Combien, ô voyageur, ce paysage blême
Te mira blême toi-même,
Et que tristes pleuraient dans les hautes feuillées
Tes espérances noyées !

Mai, juin 72.

---

1. Citation extraite des *Lettres satiriques et amoureuses* (1654) de Cyrano de Bergerac. \ **2.** *Cyrano de Bergerac* (1619-1655) : célèbre philosophe libertin. \ **3.** *Ramures* : branchages d'un arbre.

PAYSAGES BELGES

« *Conquestes du Roy*[1]. »
(Vieilles estampes[2].)

Walcourt[3]

Briques et tuiles,
Ô les charmants
Petits asiles
Pour les amants !

Houblons[4] et vignes
Feuilles et fleurs,
Tentes insignes
Des francs buveurs !

Guinguettes[5] claires,
Bières, clameurs,
Servantes chères
À tous fumeurs !

Gares prochaines,
Gais chemins grands…

---

1. *Conquestes du Roy* : conquêtes du roi (archaïsme orthographique à visée héroï-comique).
\ **2.** *Estampes* : gravures destinées à illustrer un texte.\ **3.** *Walcourt* : petite ville de Belgique.
\ **4.** *Houblons* : appelées aussi vignes du nord, ces plantes entrent dans le processus de fabri-
cation de la bière. \ **5.** *Guinguettes* : cabarets populaires, le plus souvent en plein air, dans
la verdure, où l'on peut boire et danser.

15 Quelles aubaines,
Bons juifs-errants[1] !

Juillet 72.

Charleroi[2]

Dans l'herbe noire
Les Kobolds[3] vont.
Le vent profond
Pleure, on veut croire.

5 Quoi donc se sent ?
L'avoine siffle.
Un buisson gifle
L'œil au passant.

Plutôt des bouges[4]
10 Que des maisons.
Quels horizons
De forges rouges !

On sent donc quoi ?
Des gares tonnent,
15 Les yeux s'étonnent,
Où Charleroi ?

---

1. *Juifs-errants* : mis au ban de la communauté humaine, le juif-errant est un personnage légendaire de l'Antiquité qui fut condamné à l'errance éternelle pour ne pas avoir secouru le Christ lors de sa crucifixion. \ **2.** *Charleroi* : ville belge située dans une région industrielle et minière. \ **3.** *Kobolds* : créatures fantastiques issues du folklore germanique (en français, *gobelin*) qui ont pour tâche de garder les trésors souterrains. Dans ce poème, ils veillent sur les mines de charbon. \ **4.** *Bouges* : chambres misérables, taudis.

Parfums sinistres !
Qu'est-ce que c'est ?
Quoi bruissait
20   Comme des sistres[1] ?

Sites brutaux !
Oh ! votre haleine,
Sueur humaine,
Cris des métaux !

25   Dans l'herbe noire
Les Kobolds vont.
Le vent profond
Pleure, on veut croire.

Bruxelles
Simples fresques

I

La fuite[2] est verdâtre et rose
Des collines et des rampes[3]
Dans un demi-jour de lampes
Qui vient brouiller toute chose.

5   L'or, sur les humbles abîmes,
Tout doucement s'ensanglante.

---

1. *Sistres* : instruments de musique à percussion de l'ancienne Égypte qui produisent un crissement analogue au bruit de certains insectes. \ **2.** *Fuite* : dans le vocabulaire pictural, ce terme renvoie à l'éloignement, à la profondeur due à la perspective. \ **3.** *Rampes* : pentes (d'une colline, d'une montagne).

Des petits arbres sans cimes
Où quelque oiseau faible chante.

Triste à peine tant s'effacent
10 Ces apparences d'automne,
Toutes mes langueurs[1] rêvassent,
Que berce l'air monotone.

II

L'allée est sans fin
Sous le ciel, divin
D'être pâle ainsi :
Sais-tu qu'on serait
5   Bien sous le secret
De ces arbres-ci ?

Des messieurs bien mis,
Sans nul doute amis
Des Royers-Collards[2],
10 Vont vers le château :
J'estimerais beau
D'être ces vieillards.

Le château, tout blanc
Avec, à son flanc
15 Le soleil couché,

---

1. *Langueurs* : états d'affaiblissement physique ou moral. \ **2.** *Royer-Collard* (1763-1845) : homme politique qui, après avoir participé aux événements révolutionnaires, devient le porte-parole des doctrinaires, partisans d'un retour à une monarchie tempérée, aux contraire des « ultras » qui réclament un retour à l'Ancien Régime. En Belgique, les doctrinaires sont des représentants de la grande bourgeoisie industrielle, celle du charbon et du chemin de fer.

Les champs à l'entour :
Oh ! que notre amour
N'est-il là niché !

Estaminet du Jeune Renard, août 72.

Bruxelles
Chevaux de bois

Par saint Gille,
Viens-nous-en,
Mon agile
Alezan[1] *!*
(V. Hugo[2].)

Tournez, tournez, bons chevaux de bois,
Tournez cent tours, tournez mille tours,
Tournez souvent et tournez toujours,
Tournez, tournez au son des hautbois.

5   Le gros soldat, la plus grosse bonne
Sont sur vos dos comme dans leur chambre,
Car en ce jour au bois de la Cambre[3]
Les maîtres sont tous deux en personne.

Tournez, tournez, chevaux de leur cœur,
10 Tandis qu'autour de tous vos tournois
Clignote l'œil du filou sournois,
Tournez au son du piston vainqueur.

---

1. *Alezan* : cheval à la robe brune. \ **2.** Cette épigraphe est extraite du « Pas d'arme du Roi Jean », douzième ballade des *Odes et Ballades* (1828) de Victor Hugo (1802-1885). \ **3.** *La Cambre* : un des jardins publics de la banlieue bruxelloise.

C'est ravissant comme ça vous soûle
D'aller ainsi dans ce cirque bête :
15 Bien dans le ventre et mal dans la tête,
Du mal en masse et du bien en foule,

Tournez, tournez sans qu'il soit besoin
D'user jamais de nuls éperons
Pour commander à vos galops ronds,
20 Tournez, tournez, sans espoir de foin

Et dépêchez, chevaux de leur âme :
Déjà voici que la nuit qui tombe
Va réunir pigeon et colombe
Loin de la foire et loin de madame.

25 Tournez, tournez ! le ciel en velours
D'astres en or se vêt lentement.
Voici partir l'amante et l'amant.
Tournez au son joyeux des tambours !

Champ de foire de Saint-Gilles, août 72.

Malines[1]

Vers les prés le vent cherche noise[2]
Aux girouettes, détail fin
Du château de quelque échevin[3],
Rouge de brique et bleu d'ardoise,
5 Vers les prés clairs, les prés sans fin…

---

1. *Malines* : ville de Belgique. \ **2.** *Cherche noise* : cherche querelle. \ **3.** *Échevin* : membre du corps municipal.

Comme les arbres des féeries,
Des frênes, vagues frondaisons[1],
Échelonnent mille horizons
À ce Sahara de prairies,
10   Trèfle, luzerne et blancs gazons.

Les wagons filent en silence
Parmi ces sites apaisés.
Dormez, les vaches ! Reposez,
Doux taureaux de la plaine immense,
15   Sous vos cieux à peine irisés !

Le train glisse sans un murmure,
Chaque wagon est un salon
Où l'on cause bas et d'où l'on
Aime à loisir cette nature
20   Faite à souhait pour Fénelon[2].

Août 72.

---

1. *Frondaisons* : branches et feuilles d'un arbre. \ **2.** *Fénelon* (1651-1715) : écrivain, philosophe et homme d'Église, fut le précepteur du Dauphin (petit-fils de Louis XIV), pour
lequel il composa un roman mythologique et didactique *Les Aventures de Télémaque* (1699),
considéré comme une critique de la politique de Louis XIV. Tombé en disgrâce, il s'exila
quelque temps en Belgique, à la campagne, où il se distingua par sa conduite exemplaire.
Il est possible que Verlaine cite un passage célèbre de ce roman qui décrit la grotte de
Calypso : « On apercevait de loin des collines et des montagnes qui se perdaient dans les
nues et dont la figure bizarre *formait un horizon à souhait pour le plaisir des yeux*. » L'expression « aimer à loisir » peut aussi être empruntée au poème de Baudelaire intitulé « L'In-
vitation au voyage ».

BIRDS IN THE NIGHT [1]

Vous n'avez pas eu toute patience :
Cela se comprend par malheur, de reste
Vous êtes si jeune ! Et l'insouciance,
C'est le lot amer de l'âge céleste !

5   Vous n'avez pas eu toute la douceur.
Cela par malheur d'ailleurs se comprend ;
Vous êtes si jeune, ô ma froide sœur,
Que votre cœur doit être indifférent !

Aussi, me voici plein de pardons chastes,
10   Non, certes ! joyeux, mais très calme en somme
Bien que je déplore en ces mois néfastes
D'être, grâce à vous, le moins heureux homme.

Et vous voyez bien que j'avais raison
Quand je vous disais, dans mes moments noirs,
15   Que vos yeux, foyers de mes vieux espoirs,
Ne couvaient plus rien que la trahison.

Vous juriez alors que c'était mensonge
Et votre regard qui mentait lui-même

---

1. *Birds in the night* : « oiseaux dans la nuit » en anglais, citation extraite d'une romance composée en 1869 par le compositeur britannique Arthur Sullivan (1842-1900) : « Oiseaux dans la nuit, aux doux appels/Vents dans la nuit, aux soupirs étranges/Venez à moi, aidez-moi, ô vous tous ».

Flambait comme un feu mourant qu'on prolonge,
20 Et de votre voix vous disiez : « Je t'aime ! »

Hélas ! on se prend toujours au désir
Qu'on a d'être heureux malgré la saison…
Mais ce fut un jour plein d'amer plaisir
Quand je m'aperçus que j'avais raison !

25 Aussi bien pourquoi me mettrais-je à geindre ?
Vous ne m'aimiez pas, l'affaire est conclue,
Et, ne voulant pas qu'on ose me plaindre,
Je souffrirai d'une âme résolue.

Oui ! je souffrirai, car je vous aimais !
30 Mais je souffrirai comme un bon soldat
Blessé qui s'en va dormir à jamais
Plein d'amour pour quelque pays ingrat.

Vous qui fûtes ma Belle, ma Chérie,
Encor que de vous vienne ma souffrance,
35 N'êtes-vous donc pas toujours ma Patrie,
Aussi jeune, aussi folle que la France ?

Or, je ne veux pas – le puis-je d'abord ? –
Plonger dans ceci mes regards mouillés.
Pourtant mon amour que vous croyez mort
40 A peut-être enfin les yeux dessillés.

Mon amour qui n'est plus que souvenance,
Quoique sous vos coups il saigne et qu'il pleure

Encore et qu'il doive, à ce que je pense,
Souffrir longtemps jusqu'à ce qu'il en meure,

45   Peut-être a raison de croire entrevoir
En vous un remords (qui n'est pas banal)
Et d'entendre dire, en son désespoir,
À votre mémoire : « Ah ! fi ! que c'est mal ! »

Je vous vois encor. J'entr'ouvris la porte.
50   Vous étiez au lit comme fatiguée.
Mais, ô corps léger que l'amour emporte,
Vous bondîtes nue, éplorée et gaie.

Ô quels baisers, quels enlacements fous !
J'en riais moi-même à travers mes pleurs.
55   Certes, ces instants seront, entre tous,
Mes plus tristes, mais aussi mes meilleurs.

Je ne veux revoir de votre sourire
Et de vos bons yeux en cette occurrence
Et de vous enfin, qu'il faudrait maudire,
60   Et du piège exquis, rien que l'apparence.

Je vous vois encore ! En robe d'été
Blanche et jaune avec des fleurs de rideaux.
Mais vous n'aviez plus l'humide gaîté
Du plus délirant de tous nos tantôts.

65   La petite épouse et la fille aînée
Était reparue avec la toilette

Et c'était déjà notre destinée
Qui me regardait sous votre voilette.

Soyez pardonnée ! Et c'est pour cela
70   Que je garde, hélas ! avec quelque orgueil,
En mon souvenir, qui vous cajola,
L'éclair de côté que coulait votre œil.

Par instants je suis le Pauvre Navire
Qui court démâté parmi la tempête
75   Et, ne voyant pas Notre-Dame luire,
Pour l'engouffrement en priant s'apprête.

Par instants je meurs la mort du Pécheur
Qui se sait damné s'il n'est confessé
Et, perdant l'espoir de nul confesseur,
80   Se tord dans l'Enfer, qu'il a devancé.

Ô mais ! par instants, j'ai l'extase rouge
Du premier chrétien sous la dent rapace,
Qui rit à Jésus témoin, sans que bouge
Un poil de sa chair, un nerf de sa face !

                    Bruxelles, Londres, septembre-octobre 72.

AQUARELLES

Green[1]

Voici des fruits, des fleurs, des feuilles et des branches
Et puis voici mon cœur qui ne bat que pour vous.
Ne le déchirez pas avec vos deux mains blanches
Et qu'à vos yeux si beaux l'humble présent soit doux.

5   J'arrive tout couvert encore de rosée
Que le vent du matin vient glacer à mon front.
Souffrez que ma fatigue à vos pieds reposée
Rêve des chers instants qui la délasseront.

Sur votre jeune sein laissez rouler ma tête
10   Toute sonore encor de vos derniers baisers ;
Laissez-la s'apaiser de la bonne tempête,
Et que je dorme un peu puisque vous reposez.

---

1. *Green* : « vert » en anglais.

Spleen

Les roses étaient toutes rouges
Et les lierres étaient tout noirs.

Chère, pour peu que tu te bouges,
Renaissent tous mes désespoirs.

5   Le ciel était trop bleu, trop tendre,
La mer trop verte et l'air trop doux.

Je crains toujours, – ce qu'est d'attendre ! –
Quelque fuite atroce de vous.

Du houx à la feuille vernie
10   Et du luisant buis je suis las,

Et de la campagne infinie
Et de tout, fors de vous[1], hélas !

Streets[2]

I

Dansons la gigue[3] !

J'aimais surtout ses jolis yeux,
Plus clairs que l'étoile des cieux,
J'aimais ses yeux malicieux.

---

1. *Fors de vous* : sauf vous, à l'exception de vous (archaïsme). \ **2.** *Streets* : « rues » en anglais.
\ **3.** *Gigue* : danse d'originaire irlandaise et anglaise.

5   Dansons la gigue !

Elle avait des façons vraiment
De désoler un pauvre amant,
Que c'en était vraiment charmant !

Dansons la gigue !

10   Mais je trouve encore meilleur
Le baiser de sa bouche en fleur
Depuis qu'elle est morte à mon cœur.

Dansons la gigue !

Je me souviens, je me souviens
15   Des heures et des entretiens,
Et c'est le meilleur de mes biens.

Dansons la gigue !

Soho.

II

Ô la rivière dans la rue[1] !
Fantastiquement apparue
Derrière un mur haut de cinq pieds,
Elle roule sans un murmure
5   Son onde opaque et pourtant pure
Par les faubourgs pacifiés.

---

1. *La rivière dans la rue* : la Tamise, fleuve sans quais qui coule à Londres.

La chaussée est très large, en sorte
Que l'eau jaune comme une morte
Dévale ample et sans nuls espoirs
De rien refléter que la brume,
Même alors que l'aurore allume
Les cottages[1] jaunes et noirs.

Paddington.

Child wife[2]

Vous n'avez rien compris à ma simplicité,
    Rien, ô ma pauvre enfant !
Et c'est avec un front éventé, dépité,
    Que vous fuyez devant.

Vos yeux qui ne devaient refléter que douceur,
    Pauvre cher bleu miroir,
Ont pris un ton de fiel[3], ô lamentable sœur,
    Qui nous fait mal à voir.

Et vous gesticulez avec vos petits bras
    Comme un héros méchant,
En poussant d'aigres[4] cris poitrinaires, hélas !
    Vous qui n'étiez que chant !

---

1. *Cottages* : petites maisons élégantes de la campagne anglaise. \ **2.** *Child wife* : « femme-enfant » en anglais, allusion au personnage de Dora qui, dans le roman de Charles Dickens (1812-1872), *David Copperfield* (1849-1850), épouse le héros et meurt d'une maladie inconnue, au grand désespoir de son époux. \ **3.** *Fiel* : sentiment d'amertume, d'animosité contre quelqu'un. \ **4.** *Aigres* : aigus, criards, perçants.

Car vous avez eu peur de l'orage et du cœur
    Qui grondait et sifflait,
15 Et vous bêlâtes[1] vers votre mère – ô douleur ! –
    Comme un triste agnelet.

Et vous n'aurez pas su la lumière et l'honneur
    D'un amour brave et fort,
Joyeux dans le malheur, grave dans le bonheur,
20   Jeune jusqu'à la mort !

                   Londres, 2 avril 1873.

A *Poor Young Shepherd*[2]

    J'ai peur d'un baiser
    Comme d'une abeille.
    Je souffre et je veille
    Sans me reposer :
5   J'ai peur d'un baiser !

    Pourtant j'aime Kate
    Et ses yeux jolis.
    Elle est délicate,
    Aux longs traits pâlis.
10   Oh ! que j'aime Kate !

---

1. *Bêlâtes* : du verbe « bêler », qui signifie « pousser des bêlements comme le mouton ». Au sens figuré, « se plaindre, gémir ». \ **2.** *A poor young shepherd* : « un pauvre petit berger » en anglais.

C'est Saint-Valentin !
Je dois et je n'ose
Lui dire au matin…
La terrible chose
15   Que Saint-Valentin !

Elle m'est promise,
Fort heureusement !
Mais quelle entreprise
Que d'être amant
20   Près d'une promise !

J'ai peur d'un baiser
Comme d'une abeille.
Je souffre et je veille
Sans me reposer :
25   J'ai peur d'un baiser !

Beams [1]

Elle voulut aller sur les flots de la mer,
Et comme un vent bénin soufflait une embellie,
Nous nous prêtâmes tous à sa belle folie,
Et nous voilà marchant par le chemin amer.

5   Le soleil luisait haut dans le ciel calme et lisse,
Et dans ses cheveux blonds c'étaient des rayons d'or,
Si bien que nous suivions son pas plus calme encor
Que le déroulement des vagues, ô délice !

---

1. *Beams* : « rayons » en anglais.

Des oiseaux blancs volaient alentour mollement
10 Et des voiles au loin s'inclinaient toutes blanches.
Parfois de grands varechs[1] filaient en longues branches
Nos pieds glissaient d'un pur et large mouvement.

Elle se retourna, doucement inquiète
De ne nous croire pas pleinement rassurés,
15 Mais nous voyant joyeux d'être ses préférés,
Elle reprit sa route et portait haut la tête.

> Douvres-Ostende,
> à bord de la « Comtesse-de-Flandre[2] »,
> 4 avril 1873.

---

1. *Varechs* : algues brunes. \ **2.** *Comtesse-de-Flandre* : navire de la flotte belge, lancé en 1871, qui emprunte son nom à un membre de la famille royale de Belgique.

DOSSIER

LIRE L'ŒUVRE

QUESTIONNAIRE DE LECTURE

LES TITRES

Poèmes saturniens

1. Que signifie l'adjectif « saturnien » dans le titre du recueil ? À l'aide de la préface (p. 7), montrez en quoi le titre du recueil *Poèmes saturniens* exprime autant un tempérament qu'un choix esthétique.

2. Quel(s) poème(s) du recueil pourriez-vous qualifier de « saturnien » ?

3. Relevez les titres de poèmes en langue étrangère. Pourquoi Verlaine y a-t-il si souvent recours ?

4. Beaucoup de titres des *Poèmes saturniens* sont des noms propres. Les personnages auxquels ils renvoient sont-ils d'origine historique, mythologique ou littéraire ? Comment expliquez-vous le choix de ces titres ?

Fêtes galantes

5. En intitulant son recueil *Fêtes galantes*, le poète place l'ensemble des poèmes sous la protection d'une figure tutélaire : laquelle ? Quels poèmes du recueil vous paraissent le mieux rendre compte de cette analogie entre la poésie et la peinture ?

6. Comparez le titre du recueil et celui du poème liminaire « Clair de lune » (p. 71). Que remarquez-vous ? Commentez le changement opéré par Verlaine.

7. Repérez les titres du recueil *Fêtes galantes* qui renvoient à l'univers théâtral. À quelle source d'inspiration Verlaine se réfère-t-il ?

Romances sans paroles

8. À qui le titre *Romances sans paroles* fait-il explicitement référence ? Commentez ce choix. Que laisse-t-il entrevoir de la nature des poèmes du recueil ?

9. Quels rapports établissez-vous entre le titre du recueil et celui de la première section « Ariettes oubliées » (p. 95) ? Pourquoi les poèmes de cette section initiale ne possèdent-ils pas de titre ?

10. À quels lieux les titres des poèmes du recueil renvoient-ils ? Décrivent-ils un itinéraire cohérent ou sont-ils plutôt l'indice d'une errance du poète ?

11. Dans les trois recueils, classez les titres de poèmes qui font référence d'une part à la musique, d'autre part à la peinture.

LA STRUCTURE

Poèmes saturniens

12. En quoi la pièce liminaire (p. 7) des *Poèmes saturniens* constitue-t-elle une véritable préface ?
■ Pour répondre
Analysez sa place, sa typographie et son rôle par rapport à l'ensemble du recueil.

13. Analysez la structure d'une des sections des *Poèmes saturniens*.
■ Pour répondre
Vous pourrez notamment mettre en valeur le retour des mêmes thèmes et des mêmes formes poétiques, le recours à des tonalités identiques qui se succèdent ou alternent…

14. Commentez l'ordre des poèmes qui vont de « *Initium* » (p. 40) à « La Mort de Philippe II » (p. 56). Quelle trajectoire forment-ils ? Pourquoi ces douze derniers poèmes n'appartiennent-ils à aucune section ?

15. Quels rôles le prologue (p. 8) et l'épilogue (p. 64) jouent-ils dans l'organisation des *Poèmes saturniens* ?

Fêtes galantes

16. Quelle est la cohérence du recueil *Fêtes galantes* ? Peut-on regrouper les poèmes en fonction d'un ordre chronologique ou thématique ? Vous répondrez dans un paragraphe argumenté.

17. Comparez le poème d'ouverture et le poème qui clôt le recueil, et précisez quel est le trajet parcouru par le poète amoureux.

Romances sans paroles

18. Quels éléments garantissent la cohérence de la section « Paysages belges » (p. 105) ?

19. Quels liens peut-on tisser entre le poème « Birds in the night » (p. 112) et la section « Aquarelles » (p. 116) qui le suit immédiatement ?

20. En quoi les poèmes de la section « Aquarelles » (p. 116) forment-ils une série ?

LES GENRES ET LES THÈMES

Poèmes saturniens

21. Relevez deux poèmes à rimes plates, trois sonnets en alexandrins et un sonnet en décasyllabes. Quels poèmes font alterner des vers impairs ? Que mettent en évidence ces relevés quant aux choix poétiques opérés par Verlaine ?

22. Relevez un exemple de poème épique, fantastique, didactique et satirique. En quoi cette diversité de tons est-elle caractéristique de la poésie verlainienne ?

23. Analysez le champ lexical de la couleur dans « Effet de nuit » (p. 24), « Marine » (p. 23), « Croquis parisien » (p. 21), « Cauchemar » (p. 22) et « César Borgia » (p. 55). Quelles teintes vous semblent dominer ? En quoi sont-elles révélatrices d'un déchirement profond du poète ? Quels poèmes vous paraissent former une composition picturale ? Relevez d'autres poèmes du recueil qui empruntent leur titre et leurs procédés à la peinture.

24. Quelle conception de la poésie le prologue (p. 8) et l'épilogue (p. 64) formulent-ils ?

Fêtes galantes

25. Quels sont les personnages du recueil appartenant à la *Commedia dell'arte* ?

■ Pour répondre
Après avoir recherché le sens de ce terme, vous dégagerez les principales caractéristiques de ce genre théâtral et expliquerez pourquoi, selon vous, Verlaine y fait allusion.

26. Pourrait-on mettre en scène certains poèmes du recueil ? De quelle façon ?

■ Pour répondre
Imaginez le décor, les costumes et la gestuelle des comédiens.

27. Quels poèmes du recueil vous semblent le mieux célébrer l'univers de la fête ? Établissez un relevé systématique des éléments qui se rapportent à ce thème (divertissements, plaisirs des sens, badinage amoureux...). La fête vous semble-t-elle toujours heureuse ? Quels éléments se rapportent à la mélancolie ?

Romances sans paroles

28. Faites un relevé des expressions se rapportant à la voix et à la musique. Pourquoi le motif sonore prend-il tant de place dans le recueil ? Comment pourriez-vous qualifier et décrire la musique verlainienne ?

29. Quelles sont, selon vous, les caractéristiques des paysages verlainiens ?

30. Peut-on considérer les *Romances sans paroles* comme une autobiographie en vers ?

L'ŒUVRE DANS L'HISTOIRE

LE CONTEXTE POLITIQUE ET SOCIAL

Alors que l'Histoire s'énonce avec violence dans les œuvres de ses contemporains, qu'il s'agisse de Hugo dans *Les Châtiments* (1853), de Baudelaire dans les *Tableaux parisiens* (1861) ou de Rimbaud dans les *Illuminations* (1886-1895), elle semble étrangement éclipsée des trois recueils de Verlaine qui nous occupent. Pourtant, « le pauvre Lélian », comme il se nommait lui-même, fut le témoin et même l'acteur privilégié de bouleversements socio-politiques majeurs que ses recueils ne cessent d'évacuer au profit de références exclusivement artistiques. Quel sens attribuer à cette mise « en sourdine » de l'Histoire dans l'œuvre de Verlaine ? Ce silence ne constitue-t-il pas en lui-même un positionnement critique face au marasme événementiel qui agite la seconde moitié du XIXe siècle ?

L'HISTOIRE « EN SOURDINE »

Si l'œuvre de Verlaine semble s'écrire en marge des événements qui secouent son époque, c'est que, depuis l'échec de la Deuxième République, brutalement interrompue par le coup d'État de Napoléon III en décembre 1851, l'avenir semble avoir été confisqué par le régime impérial, devenu le seul détenteur de l'Histoire et de son interprétation légitime[1]. L'espoir démocratique et social porté par la révolution de 1848 et la Deuxième République fut réduit à néant par l'avènement du régime bonapartiste dont les valeurs officielles et mensongères n'ont cessé d'annexer le cours des événements au profit de la seule gloire de l'Empereur. Quand « l'Action autrefois réglait le chant des lyres », quand le poète en des temps révolus était acteur et auteur de l'Histoire, celle-ci se fait et s'écrit désormais hors de lui. Ainsi le « Prologue » des *Poèmes*

---

[1]. Cette idée est développée avec beaucoup de pertinence par Arnaud Bernadet dans « De l'exil à l'utopie : l'expérience de l'histoire dans *Grotesques* », in *Revue Verlaine*, n° 9, Musée-Bibliothèque Rimbaud, 2004.

saturniens (p. 11) énonce clairement cette éviction du poète hors de l'expérience historique :

> Le monde, que troublait leur parole profonde,
> Les exile. À leur tour ils exilent le monde ! (v. 77-78).

Une fois consommé le divorce entre « l'Action et le Rêve » (v. 51), le sujet poétique est contraint au nomadisme ou se voit condamné à évoquer l'Histoire de manière oblique et résolument fragmentaire. Dédié au poète républicain et anticlérical Louis-Xavier de Ricard, ami de Verlaine, « La Mort de Philippe II » (p. 56) est intrinsèquement lié au poème qui le précède, « César Borgia » (p. 55). Si tous deux mettent en scène des tyrans éloignés dans l'espace et dans le temps, ils esquissent allusivement le portrait de Napoléon III qui prépare à l'époque une *Histoire de Jules César*. Pour les partisans du régime, elle est censée l'inscrire dans une généalogie prestigieuse, mais pour ses détracteurs elle révèle sa parenté avec un gouvernement fondé sur la domination et la répression pour ses opposants. Or, dans « César Borgia » (p. 55), on lit :

> Tandis qu'un rire doux redresse la moustache,
> Le duc CÉSAR en grand costume se détache (v. 5-6).

L'absence de nom de famille rend possible l'identification de trois figures historiques : Jules César, le duc César de Vendôme et César Borgia, dessinant une lignée de dictateurs dans laquelle s'inscrit sans nul doute l'Empereur.

Le discours sur l'Histoire surgit ainsi de manière allusive et discontinue sans que le poète choisisse jamais de l'attaquer de front, préférant l'errance à l'invective, et « le frais oubli de ce qui nous exile » (« Ariette IV », p. 98, v. 8) aux virulentes séditions hugoliennes. Aussi Verlaine se met-il en scène du côté des exclus, des « grotesques » et autres anti-héros des temps modernes que le matérialisme bourgeois et l'économie marchande ont réduit à la marginalité et à l'aphasie (« Monsieur Prudhomme », p. 39). Ce silence de l'Histoire, relativement évincée des trois recueils, signale en fait un véritable positionnement critique de Verlaine qui, en « grève des événements [1] », réduit les allusions à la révolution

---

1. Jean Baudrillard, *L'Illusion de la fin ou la grève des événements*, Paris, Galilée, coll. « L'espace critique », 1992.

de juin 1848 et au coup d'État de décembre 1851 à une sinistre toile de fond dans « Grotesques » (p. 26) :

> Les juins brûlent et les décembres
> Gèlent votre chair jusqu'aux os (v. 33-34).

L'ÉVASION DANS DES « TEMPS FABULEUX » ?

Confronté à la violence du monde présent, Verlaine semble s'évader dans le temps mythique et légendaire des héros de l'Antiquité et du Moyen Âge, comme le suggère le « Prologue » (p. 8) des *Poèmes saturniens* qui fait rimer, dès l'ouverture, les mots « histoire » et « gloire » :

> Dans ces temps fabuleux, les limbes [1] de l'histoire,
> Où les fils de Raghû [2], beaux de fard et de gloire (v. 1-2).

Cependant, c'est moins une temporalité vécue qu'une époque archaïque et idéalisée qui se déploie dans ce poème liminaire, véritable hommage aux parnassiens férus d'antiquité. Les héros des épopées indiennes, antiques et médiévales appartiennent à un âge d'or malheureusement révolu où l'action fiancée au rêve était le domaine légitime du poète. Le dernier vers du « Prologue » (p. 12) ouvre le champ à une autre temporalité, celle de l'œuvre à venir, celle d'une écriture qui reste aussi à inventer : « Maintenant, va, mon Livre, où le hasard te mène ! » (v. 102).

D'autres époques, souvent floues et indéterminées, sont convoquées dans les recueils verlainiens. Les *Fêtes galantes*, notamment, se réfèrent à l'insouciance et à la frivolité du XVIIIe siècle. Toutefois, le climat d'indétermination et d'artifice qui domine ce recueil réduit les joyeusetés galantes du XVIIIe siècle à un leurre. La nostalgie désabusée de « Clair de lune » (p. 71) reflète la grande comédie de la vie : le monde féerique n'est qu'un mirage, l'amour une mascarade et la vie un artifice davantage joué que réellement vécu. Ce badinage de pacotille pourrait renvoyer de manière oblique au désenchantement qui caractérise la société déliquescente du Second Empire.

---

1. *Limbes* : état incertain, région mal définie. \ **2.** *Les fils de Raghû* : héros de la lignée solaire dans le poème de Kalisada, le *Raghou-Vança* (« La race de Raghû »), rois légendaires de l'Inde, ancêtres de Rama. Ce poème a été traduit en français en 1859.

LE CONTEXTE ARTISTIQUE ET CULTUREL

HÉRITAGES ROMANTIQUES

Le début du XIXᵉ siècle est marqué par une révolution poétique de grande ampleur. En réaction au siècle des Lumières, les poètes romantiques inventent une esthétique et une éthique de la sensation ajustées aux seules préoccupations du Moi : « je n'imitais plus personne, écrit Lamartine à propos de ses *Méditations*, je m'exprimais moi-même pour moi-même. Ce n'était pas un art, c'était un soulagement de mon propre cœur qui se berçait de ses propres sanglots ».

Cette promotion de la subjectivité s'accompagne de l'exploration des profondeurs de l'âme et du cœur, de cette intimité superbe dont le poème est la trace et l'écho différé. Or le moi se découvre divisé, tourmenté, prisonnier d'un monde conventionnel et médiocre. Après la Révolution et les années tumultueuses de l'Empire, cette génération de jeunes artistes, en révolte contre un monde en voie d'industrialisation, gangrené par les valeurs mercantiles d'une bourgeoisie toute puissante, a le sentiment « d'être venu[e] trop tard dans un monde trop vieux » (Musset). Écartelé entre le regret et le projet, entre le passé et l'avenir, le poète romantique ne trouve dans le monde présent qu'une insupportable limite à son désir illimité de jouir d'une identité pure : « Borné dans sa nature, infini dans ses vœux/L'homme est un Dieu tombé qui se souvient des cieux », écrit Lamartine dans ses *Méditations*. La nostalgie de l'âge d'or, lieu de l'harmonie du Moi et du Monde, engendre une poésie du souvenir et du regret. Le chant plaintif du poète, en proie au « vague des passions » (Chateaubriand), se complaît dans une morosité poussée jusqu'au morbide. La prédilection pour l'automne, le déchaînement tumultueux de la pluie et du vent, la lumière crépusculaire, l'éclairage lunaire, témoigne de cette attirance mélancolique pour l'obscur et le mystère.

Le registre macabre du poème de Verlaine, « Cauchemar » (p. 22), conserve des traces de ce goût du romantisme noir – issu du romantisme anglais – pour le fantastique. Le penchant pour les ruines et les cloîtres, les cimetières et autres lieux solitaires, exprime l'angoisse de cette génération face à la fuite du temps et à la fragilité de la vie humaine. Pour échapper au « mal du siècle » (Chateaubriand), les romantiques s'évadent dans le rêve, exaltent les héros du passé, se laissent emporter par leurs passions ou se réfugient dans une nature bienfaisante et consolatrice. Si Verlaine modère ce lyrisme élégiaque, qui risque de dégénérer en sensiblerie ou en mièvrerie, il hérite des romantiques le goût de la confidence et le rêve nostalgique d'un monde ancien. Son lyrisme voilé, introverti, moins démonstratif que celui des romantiques, conserve également le désir d'explorer le rapport de l'âme au paysage, devenu le témoin et le reflet privilégié de la conscience rêveuse.

La déception des romantiques à l'égard de la vie humaine et du monde contemporain n'exclut pas leur engagement véhément au côté du peuple souffrant et opprimé, témoignant d'une conscience nouvelle de la fonction et des pouvoirs de la poésie. Pour Hugo, Lamartine ou Vigny, la révolte poétique servait le combat politique. Mais à l'exception de « Monsieur Prudhomme » (p. 39), poème dénonçant sur le mode satirique la morale étriquée des bourgeois, Verlaine ne s'engage pas dans la voie militante. Il partage cependant avec l'ensemble de sa génération la même haine anti-bourgeoise, le même mortel désenchantement, devant la corruption et la médiocrité du monde.

FRATERNITÉS PARNASSIENNES

En se déclarant énergiquement pour « la Beauté, rien que la Beauté » (Théophile Gautier), le mouvement parnassien se dégage violemment des outrances romantiques de la génération précédente. Surnommés « les impassibles », les poètes parnassiens affirment le primat absolu de la forme sur toute volonté de délivrer un message politique ou de formuler des confidences personnelles. Contre les excès du Moi, ils exaltent une poésie impersonnelle, où le « je » lyrique s'efface au profit d'un « il » ennemi du sentiment et artisan de la forme. Contre la facilité et les licences de la poésie romantique, ils glorifient la virtuosité et le brio technique : impeccablement ciselé, le poème devient le lieu d'une expérimentation formelle et minutieuse où se réconcilient l'Art et la Science. Contre les « vanités » de l'engagement, ils jugent avec mépris le monde contemporain, préférant trouver refuge dans l'approche érudite des civilisations anciennes.

Verlaine se réclame, dans une certaine mesure, de cette esthétique de « l'Art pour l'Art » défendue par Gautier. Le « Prologue » (p. 8) et l'« Épilogue » (p. 64) des *Poèmes saturniens*, qui multiplient les références mythologiques à un passé idéalisé, exposent une doctrine proche de celle de ces chercheurs de beauté absolue, en quête de perfection. Collaborateur de la revue fondée par Catulle Mendès, *Le Parnasse contemporain*, Verlaine participe également aux réunions de ce salon particulièrement actif au milieu des années 1860. Le cénacle politique et littéraire des parnassiens réunissait alors des personnalités prestigieuses (José Maria de Hérédia, Leconte de Lisle, Théodore de Banville, Théophile Gautier), et des poètes de moindre importance (François Coppée, Louis-Xavier de Ricard, Catulle Mendès, Villiers de l'Isle-Adam, Sully Prudhomme) auxquels sont dédiés plusieurs poèmes du premier recueil de Verlaine.

Les rapports de Verlaine avec l'école parnassienne demeurent cependant problématiques. Quand il publie les *Poèmes saturniens*, Verlaine n'a que vingt-deux ans. Il est donc moins un théoricien objectif qu'un jeune poète solidaire de sa génération et désireux de s'affilier à un groupe dans l'espoir d'accéder à la vie littéraire. Parnassien par occasion plus que par vocation, il fut moins attiré par des préférences doctrinales que par l'envie de se faire reconnaître par un cénacle dont sa sauvagerie inquiète l'écarta bien souvent.

Verlaine reviendra à la fin de sa vie sur cette « Im-passi-bi-li-té toute théorique des Parnassiens », non sans quelques sérieuses réserves : « En outre, j'y étais "impassible", mot à la mode en ce temps là : "Est-elle en marbre ou non, la Vénus de Milo ?" m'écriais-je alors dans un Épilogue que je fus quelque temps encore à considérer comme la crème de l'esthétique ». « Pourtant l'homme, qui était sous le tout jeune homme un peu pédant que j'étais alors, jetait parfois, ou plutôt soulevait le masque[1]... ».

En quête d'une identité poétique, Verlaine n'a pris dans l'arsenal des théories parnassiennes que les armes nécessaires à son propre combat. S'il infléchit le culte de la beauté froide et vide des parnassiens, il demeure profondément attaché au goût de la belle forme et du travail plastique.

BAUDELAIRE ET LA MALÉDICTION POÉTIQUE

« C'est à Baudelaire que je dois l'éveil du sentiment poétique et ce qu'il y a en moi de profond », écrit Verlaine en 1896, revenant sur son atta-

---

1. Verlaine, « Conférences de Belgique », *Œuvres posthumes*, III, p. 218.

chement de jeunesse au poète des *Fleurs du Mal* (1857). En plaçant dès la préface (p. 7) les *Poèmes saturniens* « sous le signe SATURNE » (v. 8), Verlaine se réapproprie directement l'héritage de Baudelaire qui, dans son « Épigraphe pour un livre condamné », avait qualifié son propre recueil de « saturnien/Orgiaque et mélancolique ». L'ennui et la mélancolie désignent chez Baudelaire bien plus qu'un état triste. Ils sont l'emblème d'une élection satanique et le signe d'une impuissance à être qu'accompagne la conscience lucide de cette incapacité. Verlaine intègrera Baudelaire à sa plaquette consacrée aux *Poètes maudits*, publiés en 1884. Il donne corps à une figure du poète en marge de la société. Prisonnier d'une époque malade qu'il est condamné à fuir, le poète maudit est voué à l'échec et à l'errance. La rêverie et le vagabondage sont le signe de la quête infinie d'une unité hors d'atteinte.

Chez Baudelaire, la stagnation dans un temps sans avenir, la dislocation de soi, la disproportion entre ce que l'âme demande et ce que lui offre le présent, sont les marques du *spleen*. Mais l'expérience de la mélancolie s'accompagne d'une affirmation de la permanence de l'idéal, de la fidélité à un songe. Baudelaire croit aussi en un monde de la grâce, inaccessible, dont le poète conserve la hantise intermittente.

Verlaine hérite de cette foi en l'existence d'un monde spirituel. Cette croyance en un autre monde engendre le désir de fuir vers des ailleurs plus beaux. Verlaine et Baudelaire partent en somme du même constat, celui du désaccord entre la conscience et le monde, celui du refus de la boue et des miasmes du présent, marqué par le triomphe du vulgaire. Mais quand Baudelaire rapporte sa malédiction à la chute et au retrait du divin, Verlaine ne fait pas de l'explication religieuse une composante de son imaginaire. Il se réfugie plus volontiers dans les « temps fabuleux » (« Prologue », p. 8, v. 1) des légendes germaniques et mythologiques, dans la *Commedia dell'arte* ou le libertinage galant du XVIIIe siècle italien et français. Enfin, il y a chez Baudelaire une mystique de la mélancolie, un arrière-fond théologique que ne travaille pas la poésie de Verlaine. Si l'âme verlainienne est un miroir vivant, elle n'est pas ternie par le péché.

Le souci commun de la forme, celui d'ouvrir la poésie à d'autres arts comme la peinture et la musique rapprochent ces deux poètes qui ont fait basculer la poésie dans la modernité. Avec Baudelaire se confondent la vertu poétique et l'intelligence critique, l'expérience du langage et l'interrogation sur ses conditions de possibilité. Verlaine, quant à lui, préférera explorer les potentialités musicales du vers, organisant un savant désordre métrique au service d'une nouvelle conception du rythme et de l'harmonie.

L'ESPRIT SYMBOLISTE

Courant littéraire, musical et pictural de la fin du xixᵉ siècle, le symbolisme est un mouvement hétérogène aux origines diverses et aux frontières chronologiques floues. Il ne se constitua que tardivement en école, alors que sa période la plus féconde était déjà passée. En effet, Jean Moréas ne publie le manifeste du symbolisme (p. 147) qu'en 1886, près de trente ans après *Les Fleurs du mal* de Baudelaire, considéré comme un précurseur, et plus de dix ans après « L'Art poétique » de Verlaine (composé en 1874), qui fut perçu comme le premier manifeste du symbolisme.

Le mouvement symboliste met au centre de sa recherche poétique la puissance créatrice du symbole. Étymologiquement, le symbole désigne à la fois l'association de deux réalités et la représentation de ce rapprochement. Traditionnellement, le symbole désigne la libre mise en rapport d'une idée abstraite et d'une image concrète. Par exemple, l'eau claire est symbole de pureté, l'étoile d'espérance, la rose de l'amour. Le poète symboliste approfondit cette pensée du symbole, considérant qu'il est la moitié visible d'une réalité supérieure. Pour lui, le monde est constitué de « correspondances » reliant les choses entre elles par des liens secrets. Son ambition consiste à rapprocher ces réalités séparées, à rassembler ces fragments dispersés du vécu et du monde pour leur redonner sens. Il est le seul, en effet, à pouvoir déchiffrer, traduire et conserver en un poème les correspondances secrètes qui règlent les mouvements du monde. Conservateur d'un trésor sacré, le poète détient le langage de l'unité, de l'universelle analogie de l'univers.

Mais le symbole n'est pas simple traduction de l'universelle analogie qui règne dans la nature vivante. Il est aussi « représentation » analogique de puissances, de vérités ou de mystères supérieurs qu'il ne fait qu'évoquer de manière indirecte et voilée. Le symbole suggère l'existence d'une réalité plus profonde et plus énigmatique qu'on peut, non pas voir, mais entrevoir par la magie du poème. Il s'agit de transposer en images et en mots une essence spirituelle. Aussi le poète symboliste préfère-t-il une esthétique de la suggestion et de l'impression à la représentation directe et réaliste des objets du monde. Comme l'écrit Mallarmé, « *nommer* un objet, c'est supprimer les trois quarts de la jouissance du poème qui est faite du bonheur de deviner peu à peu ; le suggérer, voilà le rêve. C'est le parfait usage de ce mystère qui constitue le symbole : évoquer petit à petit un objet pour montrer un état d'âme, ou, inversement, choisir un objet et en dégager un état d'âme, par une série de déchiffrements[1]. »

Ainsi dans « Clair de lune » (p. 71) de Verlaine, l'âme est un paysage reflétant les profondeurs du cœur, mais voilà que le décor s'anime et revêt les attributs de l'âme, sans que l'on puisse déterminer lequel est la métaphore de l'autre. Ce climat d'indétermination est caractéristique du symbolisme : le paysage (référence concrète) est symbole de l'âme (entité abstraite), mais la réciproque est vraie puisque l'intériorité est elle-même un paysage énigmatique offert au déchiffrement. Ainsi, le poème suggère un mystère mais ne le résout pas. Le symbolisme verlainien se manifeste par le biais de l'irréalité de la lumière qui n'éclaire les êtres qu'en demi-teintes, par le biais du caractère énigmatique des personnages réduits à des mirages trompeurs et de l'atmosphère de brume et d'incertitude qui colore ses poèmes. Il s'agit chaque fois de saisir l'insaisissable en une forme harmonieuse afin de dévoiler, par-delà les apparences, l'existence d'une réalité invisible et supérieure.

Dans son « Art poétique », Verlaine accorde au pouvoir suggestif de la musique un primat absolu, conformément à son goût pour l'énigme et l'impalpable. Il s'inspire d'abord de genres musicaux comme la chanson (« Chanson d'automne », p. 32 ; « La Chanson des ingénues », p. 37), la sérénade (« Sérénade », p. 43), le nocturne (« Nocturne parisien », p. 48), le caprice (« Caprices », p. 35) ou le madrigal (« Clair de lune », p. 71). Mais le poème constitue aussi en lui-même un dispositif musical. Verlaine privilégie le rythme impair et joue habilement de toutes les nuances harmoniques d'un mot, faisant du poème un véritable camaïeu sonore. La syntaxe, tantôt simple et fluide, tantôt complexe et sinueuse épouse avec exactitude les variations de la conscience poétique, reproduisant les arabesques mélancoliques de l'incantation ou du chant. La musique verlai-

---

1. Mallarmé, *L'Écho de Paris*, 1891 (voir p. 148-149).

nienne est toute en délicatesse et en nuances. Ses berceuses, sonates et romances n'ont rien des grandes orgues romantiques et des opéras rimbaldiens. Les mélodies nostalgiques et langoureuses des trois recueils s'inspirent non seulement de musiciens mais elles furent elles-mêmes reprises par des compositeurs comme Debussy, Fauré et Ravel.

LE CONTEXTE BIOGRAPHIQUE

L'ADOLESCENCE POÉTIQUE

Lorsqu'il publie les *Poèmes saturniens* en 1866, Verlaine est âgé de vingt-deux ans. Il n'en est pas à son premier coup d'essai puisqu'il rassemble dans cette première plaquette les poèmes écrits depuis le collège et déjà publiés, pour certains, en revue, dans *L'Art* ou *Le Parnasse contemporain*. Né en 1844 à Metz, d'un père militaire qui démissionnera de l'armée en 1851 pour s'installer à Paris, Verlaine mène une enfance heureuse dans une famille bourgeoise, entouré de parents aimants et d'une cousine de huit ans son aînée, que sa famille a recueillie en 1836 : Élisa Moncomble. Avant d'en tomber éperdument amoureux, il portera à sa première compagne de jeu une tendresse toute fraternelle.

En 1862, alors âgé de dix-huit ans, il est reçu bachelier ès lettres au terme d'une scolarité sans histoire. Inscrit en droit, il délaisse rapidement l'université pour mener une vie de bohème, fréquentant les cafés puis les salons littéraires de la marquise de Ricard, chez qui il rencontre les premiers parnassiens ainsi qu'Alphonse Lemerre, son futur éditeur. En 1863, il publie son premier poème en revue : « Monsieur Prudhomme » (p. 39). Il abandonne définitivement ses études et prend un emploi à la préfecture de la Seine.

PREMIÈRES AMOURS

L'année 1865 est marquée par une série d'épreuves : Verlaine subit de plein fouet la mort brutale de son père et se voit repoussé par Élisa, sa chère et tendre sœur adoptive dont il est entre-temps tombé follement amoureux.

Si les indications biographiques ne peuvent orienter exclusivement la lecture de l'œuvre, on peut dans une certaine mesure considérer que la première section des *Poèmes saturniens*, « Melancholia » (p. 13), constitue la mise en récit poétique des amours déçues entre le poète et sa cousine, mariée à un autre depuis 1858. Dans « Résignation » (p. 13), Verlaine, qui vient d'essuyer le refus d'Élisa, avoue avoir « dû réfréner [sa] belle folie,/Sans [se] résigner par trop cependant » (v. 9-10). En effet, malgré sa résolution d'accepter son sort, il renoue avec le souvenir obsessionnel des premières sensations amoureuses. Dans « *Nevermore* » (p. 14), le poète inconsolable apostrophe sa mémoire, réactivant les belles heures du passé en compagnie de la sœur aimée à la « voix d'or vivant » (v. 8). « Après trois ans » (p. 15) fait référence au retour de Verlaine à Lecluse, en 1865, trois ans après des vacances passées dans les campagnes du nord de la France où vit désormais sa cousine. Il avait alors tenté de conquérir son cœur : « l'humble tonnelle » (v. 5) suggère l'intimité amoureuse quand la statue de la Velléda (v. 12) rappelle que cet amour n'était pas partagé. Dans « Vœu » (p. 16), le poète « morne et seul » (v. 9), « et tel qu'un orphelin pauvre sans sœur aînée » (v. 11), s'abandonne au désespoir et au regret. Les trois poèmes suivants, « Lassitude » (p. 17), « Mon rêve familier » (p. 18) et « À une femme » (p. 18) mettent en scène « une femme inconnue » (p. 18, v. 2) et rêvée assumant tous les rôles de femme, de mère et de sœur, et qui, aussi aimante qu'aimée, semble exorciser la douleur du poète.

Si cette projection fantasmatique du moi dans l'écriture constitue une indéniable piste de sens, il est parfaitement exclu de réduire l'originalité de ces poèmes à un ensemble de données biographiques. On ne peut présupposer l'identité du moi qui vit et du moi qui écrit sous peine d'évacuer le travail de transformation (et non de simple transposition) opérée par l'écriture poétique.

LE MARIAGE AVEC MATHILDE

En 1867, la mort d'Élisa, âgée de trente et un ans, plonge Verlaine dans un si grand désespoir qu'il sombre dans l'alcoolisme et la débauche. Agité de violentes crises d'ivresse, il tente deux fois de tuer sa mère au cours de l'été 1869. Parallèlement, il continue à écrire et se mêle au joyeux salon de Nina de Villard (bientôt maîtresse du poète Charles Cros) dans lequel se côtoient le groupe des parnassiens et des « Vilains Bonshommes ».

C'est par l'entremise d'un de ses membres, le musicien Charles de Sivry, qu'il rencontre Mathilde Mauté de Fleurville en 1869, alors qu'il vient de publier, quelques mois plus tôt, le recueil des *Fêtes galantes* chez Alphonse Lemerre. Mathilde est une toute jeune fille de seize ans. Verlaine, pour lui faire la cour, la comble de poèmes qui prendront place dans *La Bonne Chanson*, publié l'année suivante, en 1870. Un véritable changement s'opère en lui, dont sa correspondance conserve la trace : « Un Paul Verlaine nouveau, idyllique, bien portant sous tous les rapports, absolument étranger au bonhomme des dernières lettres, voilà ce que je puis vous annoncer […] par quel miracle ? – cherchez la femme ! […] Sachez seulement qu'Elle est charmante, mignonne, spirituelle, qu'elle aime les vers et correspond enfin de point en point à mon idéal […]. Si je suis encore anxieux et triste, c'est délicieusement. » Il l'épouse en août 1870, un an après leur première rencontre.

La France vient de déclarer la guerre aux Prussiens, Paris est assiégé début septembre et Verlaine, encouragé par Mathilde, s'engage comme garde national tout en conservant son poste de commis-rédacteur de la ville de Paris. Ses inclinations républicaines le conduisent à proposer ses services en qualité d'attaché de presse aux insurgés de la Commune de Paris qui éclate en mars 1871. Mais, tenant à conserver son poste à l'Hôtel de Ville en dépit des injonctions versaillaises, il est révoqué.

VIES PARALLÈLES

De plus en plus violent avec sa femme, qui lui donne un fils à la fin du mois d'octobre, Verlaine se réfugie de nouveau dans l'alcool. Le couple traverse des crises d'autant plus fréquentes qu'à l'automne de cette même année, Verlaine fait la rencontre de Rimbaud et en tombe amoureux. En effet, après avoir reçu les premiers textes de « l'homme aux semelles de vent », Verlaine héberge chez lui le jeune poète de seize ans en révolte contre sa famille. Le couple fait une première fugue dans les Ardennes puis au Luxembourg.

En janvier 1872, Mathilde fuit à Périgueux et intente une procédure de séparation. Verlaine, resté à Paris, compose pour Rimbaud la section inaugurale de *Romances sans paroles* : les « Ariettes oubliées » (p. 95). Au terme de multiples rebondissements, les deux amants s'enfuient pour la Belgique et l'Angleterre. Ce périple inspirera les deux autres sections des *Romances* : « Paysages belges » (p. 105) et « Aquarelles » (p. 116).

Entre 1872 et 1873, le couple traverse une série de ruptures et de réconciliations si violentes qu'elle aboutira en juillet 1873 à une catastrophe. Rimbaud menaçait une fois de plus de quitter définitivement Verlaine. Ce dernier, sous le coup de l'ivresse et du désespoir, achète un revolver et tire sur son amant, ne le blessant que légèrement au poignet. Condamné à deux ans de prison ferme pour tentative de meurtre, il est emprisonné à Bruxelles puis à Mons où il restera jusqu'en janvier 1875, bénéficiant de près d'un an de remise de peine pour bonne conduite. Quand les *Romances sans paroles* sont publiées en 1874, Verlaine se convertit au catholicisme et commence à rédiger *Sagesse* en prison.

DU « POÈTE MAUDIT »...

À sa sortie de prison, il tente vainement de se réconcilier avec Mathilde qui a obtenu entre-temps la séparation de corps et de biens. Il revoit brièvement Rimbaud – qui lui confie les *Illuminations* – avant de partir pour Londres enseigner le français. De retour en France en 1877, il est engagé comme professeur à Rethel où il noue une amitié « paternelle » avec un jeune homme de dix-huit ans, Lucien Létinois. En 1880, après un bref passage par l'Angleterre, il publie *Sagesse* et achète pour la famille de Lucien une ferme, près de Rethel, dans laquelle il s'installe pour travailler la terre. L'exploitation agricole est un fiasco. Elle est revendue à perte deux ans plus tard.

En 1882, Verlaine retourne à Paris, publie son « Art poétique » dans la revue *Paris moderne* et tente de réintégrer l'administration. Son casier judiciaire le lui interdit, de sorte qu'il se consacre exclusivement à l'écriture. En 1883, à l'âge de vingt-trois ans, Lucien meurt de la fièvre typhoïde, plongeant Verlaine dans un désespoir plus profond encore. En 1884, il publie *Les Poètes maudits*, plaquette qui lui vaudra une certaine notoriété et dans laquelle il s'intègre – au côté de Corbière, Rimbaud, Mallarmé, Marceline Desbordes-Valmore et Villiers de l'Isle-Adam – sous le pseudonyme de « Pauvre Lelian » qui forme l'anagramme de son nom. La même année paraît le recueil *Jadis et Naguère* dont les poèmes, d'inégale qualité, furent pour certains composés bien avant cette date. Il contient notamment le fameux « Art poétique » en mètres impairs, composé en 1874, qui renvoie dos à dos le grotesque et le sublime, et condamne les raideurs d'un lexique trop précis ou d'une rime trop exacte. Le culte de l'imprécision favorable à la vaporisation du Moi dans le rêve, le primat de la nuance et de l'esquisse sur la franchise du trait, le travail délicat opéré sur la mélodie enfin, rassemblent la génération symboliste autour de cette profession de foi verlainienne.

... AU « PRINCE DES POÈTES »

Réduit à la plus noire indigence après la mort de sa mère en 1886, miné par les dettes et la maladie, Verlaine partage sa vie entre de misérables hôtels qu'il habite par intermittence et les différents hôpitaux de Paris où il tente de soigner ses ulcères aux jambes. De ses multiples séjours à Broussais, Tenon, Cochin, Vincennes, il tirera, en 1891, un essai au titre éloquent : *Mes hôpitaux*. Inspiré par ses rencontres amicales et amoureuses, le plus souvent avec des prostituées, il publie successivement *Amour* en 1888, *Parallèlement* en 1889, *Dédicaces* en 1890, *Bonheur* et *Chansons pour elle* en 1891, ainsi qu'un dernier recueil d'inspiration mystique, *Liturgies intimes*, en 1892. En 1894, il soumet sa candidature à l'Académie française, au fauteuil de Taine, mais n'obtient aucune voix.

Cependant, la reconnaissance tardive de ses pairs le console de ce dernier échec. Il est ainsi élu « Prince des Poètes » par près de quatre cents hommes de lettres et lecteurs de la revue littéraire *La Plume*, succédant au poète parnassien Leconte de Lisle et précédant de près le poète Mallarmé. Aidé par un groupe d'amis (Montesquiou, Maurice Barrès, François Coppée, Sully Prudhomme, Jean Richepin) qui se cotisent pour lui venir en aide, il reçoit également un petit pécule du ministère de l'Instruction publique en 1895. Emporté par la maladie, il meurt en janvier 1896, à l'âge de cinquante-deux ans. Des milliers de parisiens assistèrent aux obsèques du « Pauvre Lelian » et suivirent sa dépouille jusqu'au cimetière des Batignolles où de nombreux écrivains (Barrès, Kahn, Mallarmé, Moréas) lui rendirent un dernier hommage. Plusieurs recueils furent publiés à titre posthume : *Chair* et *Invectives* en 1896, *Hombres* en 1903, *Biblio-Sonnets* en 1913.

LA RÉCEPTION DES ŒUVRES

L'INDIFFÉRENCE DES CONTEMPORAINS

Comme nombre de ses contemporains, Verlaine publie ses premiers poèmes non en recueils mais dans des revues. Le développement de la presse écrite au xixe siècle attire de nombreux écrivains qui publient leurs romans en feuilletons, les journaux s'attachant ainsi la constance du public. Par ailleurs, la distinction entre journaliste et écrivain est si peu établie que tous les grands hommes de lettres de la Troisième République signent régulièrement des articles dans les quotidiens et les hebdomadaires de l'époque. À côté de la presse populaire, le nombre de revues spécialisées s'accroît, faisant place aux textes les plus importants de leur temps.

Grâce à ses fréquentations littéraires, Verlaine fait paraître en 1863 son premier sonnet, « Monsieur Prudhomme » (p. 39), dans *La Revue du progrès moral* fondée par son ami Louis-Xavier de Ricard. Il écrira également pour *Le Parnasse contemporain* et pour *L'Art* avant de rencontrer l'éditeur Alphonse Lemerre grâce auquel il publiera son premier recueil en 1866. Une partie de *Fêtes galantes* et de *Romances sans paroles* sera également publiée dans diverses revues. Si le lectorat de ces revues est fort restreint, la diffusion des volumes en librairie est également très réduite et n'assure à l'auteur ni le revenu ni la notoriété qui lui permettraient de lancer sa carrière littéraire. Les *Poèmes saturniens*, par exemple, furent tirés à 491 exemplaires et ne se vendirent pas tous.

De fait, les recueils de Verlaine, même s'ils obtinrent quelques comptes rendus dans la presse, reçurent dans l'ensemble un accueil indifférent. Verlaine pourtant apporte un soin tout particulier à ses services de presse, adressant quelques exemplaires aux principaux libraires de Paris, aux journalistes les plus en vue et aux écrivains reconnus. Malgré ces préparatifs, les volumes sont pratiquement ignorés par la presse et *a fortiori* par le public. Six articles rendent compte des *Poèmes saturniens* et des *Fêtes galantes*, deux recensions seulement sont consacrées aux *Romances sans paroles*.

L'accueil est chaque fois mitigé. On accuse les *Poèmes saturniens* de « bizarrerie cherchée », d'obscurités et d'entortillements inutiles ou pire d'absence totale d'originalité. Verlaine serait un pâle copiste de Baudelaire ou de Ronsard, « avec les reflets de M. Hugo et d'Alfred de Musset, ici et là » écrit Barbey d'Aurévilly dans *Le Nain jaune*. Un peu mieux reçues, les *Fêtes galantes* sont qualifiées par la presse de « ravissante plaquette de vers mignons », de « galerie où vit, respire, aime, chante et pleure toute une époque charmante », lit-on dans *Le Gaulois* et *Le Figaro* en mars 1869. Cependant, on réduit souvent le recueil à d'« aimables balivernes rimées », à une « charmante fantaisie » ou à un « joli badinage » certes, mais dénué de toute profondeur. À la publication des *Romances sans paroles* en 1874, les journalistes soulignent, non sans ambiguïté, la « singulière originalité » du recueil, empreint de « malheureuse affectation », de « musique souvent bizarre », formant au final un « boudoir » où « il ne faut pas s'attarder[1] ». De plus, la critique est souvent moraliste, condamnant dans la poésie le poète et ses déboires. C'est que Verlaine était aussi un ivrogne et un homosexuel, vivant en concubinage avec de très jeunes hommes ou bien des filles publiques. Cet immoralisme notoire faisait scandale. De l'indifférence à l'hostilité, la presse a fait bien peu de cas de Verlaine qui pourtant devait publier ses recueils à compte d'auteur et vivre de sa plume, quitte à demander l'aumône ou à solliciter la protection de l'Assistance publique. Les étapes de sa reconnaissance littéraire seront lentes et sa consécration tardive, sinon posthume.

LA RECONNAISSANCE DES PAIRS

Dans l'espoir d'une reconnaissance, Verlaine avait adressé des exemplaires des *Poèmes saturniens* à des confrères plus ou moins illustres tels que Victor Hugo, Leconte de Lisle, Théodore de Banville, les frères Goncourt ou encore Sainte-Beuve qui lui rendirent tous un hommage confraternel appuyé. « Une des joies de ma solitude, c'est, Monsieur, de voir se lever en France, dans ce grand dix-neuvième siècle, une jeune aube de vraie poésie [...]. Certes vous avez le souffle. Vous avez la vue large et l'esprit inspiré », écrit Hugo à Verlaine. Mêmes éloges grandiloquents et vagues de Leconte de Lisle : « Vos *Poèmes saturniens* vous attireront, indubitablement, mon cher ami, la haine et l'injure des imbéciles qui ne louent que leurs semblables [...]. Vos *Poèmes* sont d'un vrai poète, d'un artiste très habile déjà et bientôt maître de l'expression. » Les frères Goncourt

---

1. Émile Blémont, article du *Rappel*, 1874 (voir p. 171).

louent également le volume : « Merci pour vos vers ! Ils rêvent et ils peignent. » Dans l'ensemble, Verlaine est plutôt bien accueilli par le cercle restreint de ses frères en poésie. Mallarmé surtout manifeste dès le début sa sympathie à Verlaine, qualifiant les *Fêtes galantes* d'« éternel bijou », célébrant à sa mort le « ruisseau mélodieux » de ses vers. On sait qu'à la fin de sa vie, Verlaine sera élu « Prince des Poètes » par la revue littéraire *La Plume* et que son enterrement, bénéficiant d'une exceptionnelle couverture de presse, sera suivi de milliers de Parisiens. Pourtant, le personnage reste, à sa mort, très controversé et les opinions souvent extrêmes, d'une violence aussi inouïe dans l'amour que dans la haine.

VERLAINE ET LES MUSICIENS

Célébré par les écrivains, Verlaine le fut aussi des musiciens. S'il ne fut pas lui-même musicien, toute sa carrière fut jalonnée de projets de travail avec des compositeurs, notamment avec Ernest Boutier, Charles de Sivry et Emmanuel Chabrier, soit que le poème précédât sa mise en musique, soit que la musique et le poème naquissent ensemble. De 1871 (date du manuscrit de Massenet pour *La Lune blanche*) à nos jours, on compte plus de 1500 titres et compositions de toutes sortes où se sont illustrés plus de 650 compositeurs. Presque tous les grands musiciens français y figurent, Massenet, Saint-Saëns, Ravel, Fauré, Debussy, Honegger, et parmi les modernes, Trenet, Brassens, Ferré et bien d'autres.

Pendant la dernière année de sa vie, Verlaine fut membre de la SACEM (Société des Auteurs, Compositeurs et Éditeurs de Musique) fondée en 1851, et il touchait de ce fait des droits d'auteur. En ce qui concerne les *Poèmes saturniens*, les textes plus fréquemment choisis pour les mélodies sont « Soleils couchants » (p. 27) avec 53 musiciens et « Chanson d'automne » (p. 32) avec 113 musiciens, textes qui sont déjà des chansons, ce qui constitue un paradoxe non négligeable : pourquoi ajouter de la musique à des vers qui ne sont que musique ? Ou comme disait Schumann qui adaptait ses propres poèmes : « À quoi bon ajouter de la musique à une musique aussi achevée ? » Dans le recueil des *Fêtes galantes*, « Colloque sentimental » (p. 92), « Mandoline » (p. 84) et « En sourdine » (p. 91) ont attiré Debussy, Maurice Ravel et Fauré. En 1887, Fauré composa *Clair de lune* et deux ans plus tard *Spleen*, adaptation libre de l'« Ariette III » (p. 97) des *Romances sans paroles*. Il mettra en musique quinze autres poèmes de Verlaine en cinq ans. Les *Romances sans paroles* demeurent le recueil de prédilection des musiciens (450 mises en musique).

Les indications de jeu sont assez révélatrices de la liberté d'adaptation de ces poèmes. Ainsi, pour « Il pleure dans mon cœur... » (p. 97), Debussy propose un jeu « modérément animé ; triste et monotone » quand d'autres indiquent en marge « lent ; doux ; triste » (Lenormand), « *con tristezza* » (Delius), « *Lento* » (Madetoja) ou « *andante* » (Eckerberg). Les musiciens désireux de créer l'effet de langueur, d'ennui et de deuil allongent les notes et adoptent un rythme plus ou moins lent. Si poésie et musique sont étroitement liées, la mise en musique n'a pas pour fin d'éclairer la compréhension du poème ou même de le recréer car le poème et sa mise en musique ont tous deux leur vie propre par laquelle ils se touchent et se prolongent sans se ressembler.

LA GLOIRE POSTHUME ?

La consécration de Verlaine ne fut pas immédiate mais elle est aujourd'hui relativement consensuelle, chacun s'accordant à célébrer les « magies de Verlaine » (Éléonore Zimmermann), à louer sa variété et sa complexité, à reconnaître sa contribution au symbolisme et au renouvellement du paysage poétique existant.

D'une part, la critique a renoncé au moralisme et ne juge plus l'œuvre d'après les débordements de l'homme, ne s'attachant que subsidiairement à la biographie du poète ; d'autre part, elle est plus nuancée que celle des contemporains qui balançaient sans cesse entre le brûlot le plus invectif et l'hagiographie la plus exaltée.

Un peu abandonnée par les critiques qui s'intéressaient davantage à Rimbaud, Mallarmé ou Baudelaire, la recherche verlainienne a connu un renouveau dans les années 1990 et s'attache à examiner l'œuvre dans sa totalité au lieu de n'en retenir que l'image d'Épinal du poète maudit, de l'amant malheureux du plus brillant Rimbaud ou de l'ami des musiciens. « Verlaine, il est caché parmi l'herbe, Verlaine », écrivait Mallarmé dans le tombeau qu'il consacra au poète. Ce motif du secret, du contre-jour et du retrait travaille autant la poésie de Verlaine que sa réception collective plutôt distraite devant les impalpables et délicates nuances du poète des « masques et des bergamasques ». Sévèrement occulté, Verlaine est peut-être devenu « un poète pour universitaires en mal de colloques[1] » ou une parole intermédiaire un peu fossilisée par la doxa scolaire. Poète de la « fadeur », Verlaine aurait manqué l'absolu ; timide, il aurait préféré l'ombre à la proie. Cependant, sa parole tremblée, si murmurée qu'elle est presque inaudible, dit encore quelque chose, entre le cri et le silence, de la fragilité de notre condition.

GROUPEMENT DE TEXTES : LE SYMBOLISME

1. À l'aide du dictionnaire, définissez tous les mots inconnus du texte. En quoi le vocabulaire et la syntaxe employés par Jean Moréas sont-ils révélateurs de la définition qu'il propose du symbolisme ?

2. Quelle est la définition du symbole selon Mallarmé et quelle place assigne-t-il au poète dans la société de son temps ?

3. En quoi le personnage de Des Esseintes formule-t-il, dans cet extrait d'*À rebours*, un condensé des théories symbolistes ?

4. Sur quel aspect central du symbolisme Paul Valéry met-il l'accent ?

TEXTE 1 • **Jean Moréas, « Un manifeste littéraire. Le symbolisme »,**
supplément littéraire au *Figaro* (18 septembre 1886)

Nous avons déjà proposé la dénomination de *Symbolisme* comme la seule capable de désigner raisonnablement la tendance actuelle de l'esprit créateur en art. […]

Ennemie de « l'enseignement, la déclamation, la fausse sensibi-
5 lité, la description objective », la poésie symbolique cherche : à vêtir l'Idée d'une forme sensible qui, néanmoins, ne serait pas son but à elle-même, mais qui, tout en servant à exprimer l'Idée, demeurerait sujette. L'Idée, à son tour, ne doit point se laisser voir privée des somptueuses simarres des analogies extérieures ; car le
10 caractère essentiel de l'art symbolique consiste à ne jamais aller

---

1. Salah Stétié, « Verlaine, parmi l'herbe », in *Verlaine à la loupe*, colloque de Cerisy, 11-18 juillet 1996, Paris, H. Champion, 2000, p. 12.

jusqu'à la conception de l'Idée en soi. Ainsi, dans cet art, les tableaux de la nature, les actions des humains, tous les phénomènes concrets ne sauraient se manifester eux-mêmes : ce sont là des apparences sensibles destinées à représenter leurs affinités ésotériques avec des
15 Idées primordiales.

L'accusation d'obscurité lancée contre une telle esthétique par des lecteurs à bâtons rompus n'a rien qui puisse surprendre. Mais qu'y faire ? Les *Pythiques* de Pindare, l'*Hamlet* de Shakespeare, la *Vita Nuova* de Dante, le *Second Faust* de Goethe, la *Tentation de Saint*
20 *Antoine* de Flaubert ne furent-ils pas aussi taxés d'ambiguïté ?

Pour la traduction exacte de sa synthèse, il faut au Symbolisme un style archétype et complexe : d'impollués vocables, la période qui s'arcboute alternant avec la période aux défaillances ondulées, les pléonasmes significatifs, les mystérieuses ellipses, l'anacoluthe
25 en suspens, tout trope hardi et multiforme ; enfin la bonne langue — instaurée et modernisée —, la bonne et luxuriante et fringante langue française d'avant les Vaugelas et les Boileau-Despréaux, la langue de François Rabelais et de Philippe de Commines, de Villon, de Rutebeuf et de tant d'autres écrivains libres et dardant le terme
30 acut du langage, tels des toxotes de Thrace leurs flèches sinueuses.

LE RYTHME : l'ancienne métrique avivée ; un désordre savamment ordonné ; la rime illucescente et martelée comme un bouclier d'or et d'airain, auprès de la rime aux fluidités absconses ; l'alexandrin à arrêts multiples et mobiles ; l'emploi de certains nombres
35 premiers — sept, neuf, onze, treize — résolus en les diverses combinaisons rythmiques dont ils sont les sommes.

TEXTE 2 • Jules Huret, entretien avec Stéphane Mallarmé, *L'Écho de Paris* (1891)

Je crois, me répondit-il, que, quant au fond, les jeunes sont plus près de l'idéal poétique que les Parnassiens qui traitent encore leurs sujets à la façon des vieux philosophes et des vieux rhéteurs, en présentant les objets directement. Je pense qu'il faut, au contraire,
5 qu'il n'y ait qu'allusion. La contemplation des objets, l'image s'envolant des rêveries suscitées par eux, sont le chant : les Parnassiens, eux, prennent la chose entièrement et la montrent : par là ils

manquent de mystère ; ils retirent aux esprits cette joie délicieuse
de croire qu'ils créent. Nommer un objet, c'est supprimer les trois-
10 quarts de la jouissance du poème qui est faite de deviner peu à peu :
le suggérer, voilà le rêve. C'est le parfait usage de ce mystère qui
constitue le symbole : évoquer petit à petit un objet pour montrer
un état d'âme, ou, inversement, choisir un objet et en dégager un
état d'âme, par une série de déchiffrements. [...] Il doit y avoir
15 toujours énigme en poésie, et c'est le but de la littérature – il n'y
en a pas d'autres – d'évoquer les objets. [...]

J'abomine les écoles, dit-il, et tout ce qui y ressemble : je
répugne à tout ce qui est professoral appliqué à la littérature qui,
elle, au contraire, est tout à fait individuelle. Pour moi, le cas
20 d'un poëte, en cette société qui ne lui permet pas de vivre, c'est
le cas d'un homme qui s'isole pour sculpter son propre tombeau.
Ce qui m'a donné l'attitude de chef d'école, c'est, d'abord, que
je me suis toujours intéressé aux idées des jeunes gens ; c'est
ensuite, sans doute, ma sincérité à reconnaître ce qu'il y avait de
25 nouveau dans l'apport des derniers venus. Car moi, au fond, je
suis un solitaire, je crois que la poésie est faite pour le faste et les
pompes suprêmes d'une société constituée où aurait sa place la
gloire dont les gens semblent avoir perdu la notion. L'attitude
du poëte dans une époque comme celle-ci, où il est en grève devant
30 la société, est de mettre de côté tous les moyens viciés qui peuvent
s'offrir à lui. Tout ce qu'on peut lui proposer est inférieur à sa
conception et à son travail secret. [...]

Mais le père, le vrai père de tous les jeunes, c'est Verlaine, le
magnifique Verlaine dont je trouve l'attitude comme homme aussi
35 belle vraiment que comme écrivain, parce que c'est la seule, dans
une époque où le poëte est hors la loi : que de faire accepter toutes
les douleurs avec une telle hauteur et une aussi superbe crânerie.

TEXTE 3 • Joris-Karl Huysmans, *À Rebours*, chapitre XIV (1884)

Ces vers, il les aimait comme il aimait les œuvres de ce poète qui,
dans un siècle de suffrage universel et dans un temps de lucre, vivait
à l'écart des lettres, abrité de la sottise environnante par son dédain,
se complaisant, loin du monde, aux surprises de l'intellect, aux

5 visions de sa cervelle, raffinant sur des pensées déjà spécieuses, les
   greffant de finesses byzantines, les perpétuant en des déductions
   légèrement indiquées que reliait à peine un imperceptible fil.

   Ces idées nattées et précieuses, il les nouait avec une langue adhé-
   sive, solitaire et secrète, pleine de rétractions de phrases, de tour-
10 nures elliptiques, d'audacieux tropes.

   Percevant les analogies les plus lointaines, il désignait souvent
   d'un terme donnant à la fois, par un effet de similitude, la forme,
   le parfum, la couleur, la qualité, l'éclat, l'objet ou l'être auquel il
   eût fallu accoler de nombreuses et de différentes épithètes pour en
15 dégager toutes les faces, toutes les nuances, s'il avait été simplement indiqué par son nom technique. Il parvenait ainsi à abolir
   l'énoncé de la comparaison qui s'établissait, toute seule, dans l'esprit du lecteur, par l'analogie, dès qu'il avait pénétré le symbole,
   et il se dispensait d'éparpiller l'attention sur chacune des qualités
20 qu'auraient pu présenter, un à un, les adjectifs placés à la queue
   leu leu, la concentrait sur un seul mot, sur un tout, produisant,
   comme pour un tableau par exemple, un aspect unique et complet,
   un ensemble.

TEXTE 4 • Paul Valéry, *Variété I* (1929)

   Ce qui fut baptisé : le *Symbolisme*, se résume très simplement dans
   l'intention commune à plusieurs familles de poètes (d'ailleurs enne-
   mies entre elles) de « reprendre à la Musique leur bien ». Le secret
   de ce mouvement n'est pas autre. L'obscurité, les étrangetés qui
5 lui furent tant reprochées ; l'apparence de relations trop intimes
   avec les littératures anglaise, slave ou germanique ; les désordres
   syntaxiques, les rythmes irréguliers, les curiosités du vocabulaire,
   les figures continuelles…, tout se déduit facilement sitôt que le
   principe est reconnu.

AU CARREFOUR DES ARTS : POÉTIQUE DES TITRES

POÈMES SATURNIENS (1866)

Le titre des *Poèmes saturniens* place l'ensemble du recueil sous le signe d'une malédiction. L'épithète « saturnien » qui figure à la fois dans le titre du recueil et dans le poème liminaire possède une double origine, mythologique et astrologique.

Dans la mythologie, Saturne est l'équivalent romain du dieu grec Cronos. Fils de la terre (Gaïa) et du ciel (Ouranos), Cronos détrôna et châtra son père. Or, il avait si peur d'être écarté du pouvoir par ses propres enfants qu'il les dévorait dès que son épouse Rhéa les mettait au monde. Celle-ci parvient à sauver son dernier fils, Zeus, qui finit par évincer son père et par lui faire régurgiter tous ses frères. Symbole de celui qui dévore autant qu'il engendre ses créations, Cronos-Saturne sera le dieu tuté-laire des saturnales, fêtes romaines au cours desquelles les maîtres deve-naient les serviteurs de leur propres esclaves, à l'image du renversement par lequel Cronos détrônant son père est lui-même détrôné par son fils. Si Cronos s'est progressivement identifié au dieu du Temps (Chronos), on dit qu'il aurait ensuite régné durant l'âge d'or sur l'île de l'Atlantide. Par un curieux renversement axiologique, il a donc été associé au mythe du paradis perdu, à la nostalgie d'une ère bienheureuse à jamais révolue. Il renvoie donc à cette double idée de rupture violente du cycle géné-rationnel et de régénérescence liée à l'âge d'or, convoquant dans le même temps l'image d'une temporalité maudite et d'un passé idéalisé.

Dans l'astrologie, Saturne est « une planète froide et malfaisante, ennemie de la nature, de l'homme et des autres créatures », indique le Littré. Ceux qui naissent sous l'influence maléfique de cette planète seront à jamais les victimes de cette puissance fatale qui gouverne à la fois leur tem-pérament et leur destinée. Ainsi Verlaine se place-t-il dans la lignée des maudits, des damnés, dont le caractère mélancolique, subi plus que choisi, est la conséquence directe de cet ascendant saturnien.

Cependant, la souffrance et la marginalité du poète est aussi un gage de sa grandeur et de son élection. L'humeur mélancolique était déjà dans l'antiquité le signe d'un génie supérieur. Aussi toute la génération des « poètes maudits », dont Baudelaire qui qualifie son livre de « saturnien », fera-t-elle de l'humeur sombre et triste la marque d'une affiliation au divin.

FÊTES GALANTES (1869)

C'est au premier poème du recueil, « Clair de lune » (p. 71), que fut originellement attribué le titre de *Fêtes galantes*. Cette expression fait référence à Antoine Watteau, peintre du XVIIIᵉ siècle paré du titre officiel de « peintre des fêtes galantes », parce qu'il dépeint les plaisirs raffinés et frivoles de la société élégante du XVIIIᵉ siècle. Peintre des agapes et du luxe aristocratique, Watteau affiche une tension permanente entre le bonheur et la langueur, entre le plaisir et la mélancolie. L'atmosphère enchanteresse de ses décors, la légèreté ondoyante et diaphane des silhouettes, les soies et les brillants des femmes s'adonnant au plaisir se figent, chez Watteau, dans la permanence du grand théâtre de l'amour et du jeu.

On voit ce que Verlaine doit au peintre qui représente, derrière le commerce de la galanterie et le badinage heureux des couples, l'Arlequin ou le Pierrot de la comédie italienne, signalant la vanité de cette société choisie et l'inanité de la fête, si somptueuse soit-elle. À mi-chemin entre le rêve, le théâtre et la vie, les fêtes de Verlaine, à l'instar de celles de Watteau, ne sont finalement ni festives ni galantes, mais témoignent, derrière la beauté apparente des poses et des costumes, du caractère éphémère de la jeunesse et de la joie.

Titres, décors, atmosphère, palette, motifs : de nombreux détails poétiques renvoient à l'univers de Watteau de sorte qu'une concurrence s'installe entre le peintre et le poète. Par le brouillage des contours, équivalent scriptural du *sfumato*, Verlaine crée un climat irréel et mystérieux que renforce la luminosité indécise d'un « clair de lune », d'un « demi-jour » ou d'une « ombre » portée. Le régime onirique de certains poèmes des *Fêtes galantes* aux limites spatio-temporelles imprécises rappelle la suspension de l'espace et du temps propre aux atmosphères évanescentes et mélancoliques de Watteau.

De la fête faustienne de la « Nuit du Walpurgis classique » (p. 29) qui se déploie dans un espace légendaire et mythique aux fêtes populaires des *Romances sans paroles* fondées sur l'évasion heureuse de la quotidienneté, la tendance à l'univers du jeu fait partie intégrante de la rêverie verlainienne. Cependant, ce motif structurant présente chez Verlaine la même ambiguïté que chez Watteau.

Dans les *Fêtes galantes*, on a pu distinguer trois phases de la fête[1]. Les deux premiers poèmes, « Clair de lune » (p. 71) et « Pantomine » (p. 72), sont travaillés par le contraste entre l'extériorité féerique de la fête et l'intériorité mélancolique de ses participants. Les masques, les déguisements, les chants et les danses sont des signes de la fête mais les personnages masqués ne sont pas ceux à quoi ils ressemblent. Ils travestissent leur corps et leur cœur puisqu'« Ils n'ont pas l'air de croire à leur bonheur » (p. 71, v. 7). Le caractère théâtral de ces deux premiers poèmes souligne l'artifice de ces divertissements.

La deuxième phase contient tous les autres poèmes à l'exception des trois derniers. S'ils conservent trace de cette inquiétude, les personnages semblent assumer pleinement cette comédie : « et nous aimions ce jeu de dupes » (« Les Ingénus », p. 75, v. 4). Aussi les « trompeurs » sont-ils « exquis » et les « coquettes charmantes » (« À la promenade », p. 74, v. 9). C'est le temps des « baisers superficiels / Et des sentiments à fleur d'âme », des « manigances mutuelles » (« En patinant », p. 78-79, v. 27-28, v. 2) et des « langueurs » aussi affectées (« Les Coquillages », p. 77, v. 7) qu'enivrantes. Tous les registres de la galanterie amoureuse sont convoqués, puisant aux sources populaires de la *Commedia dell'arte* ou aux univers plus aristocratiques d'un Fragonard et d'un Watteau.

Enfin les trois derniers poèmes, « L'Amour par terre » (p. 90), « En sourdine » (p. 91) et « Colloque sentimental » (p. 92), signent la fin de la fête. La tristesse envahit le décor et la joie s'exténue jusqu'à son éviction complète dans le dernier poème. Cette détérioration du régime festif témoigne de l'impossible évasion hors de la quotidienne par le jeu, du caractère chimérique du dialogue amoureux et de toute entreprise de socialisation, de l'intense dénaturation que l'oppression du présent fait subir à l'expression poétique.

---

1. J.-S. Chaussivert, « Fête et jeu verlainiens », in *La Petite Musique de Verlaine*, Société des études romantiques, SEDES, 1982.

ROMANCES SANS PAROLES (1874)

La première apparition de l'expression « romances sans paroles » figure dans le poème « À Clymène » (p. 85) du recueil *Fêtes galantes*, publié en 1869, cinq ans avant les *Romances sans paroles* :

> Mystiques barcarolles,
> Romances sans paroles (v. 1-2).

Ce même recueil se termine d'ailleurs sur le mot « paroles » : « Et la nuit seule entendit leurs paroles » (« Colloque sentimental », p. 92, v. 16). Le titre des *Romances sans paroles* constitue donc une auto-citation, manière, peut-être, de souligner que Verlaine est l'auteur de volumes publiés.

On définit la romance comme le récit d'une histoire simple et naïve destiné à être chanté, ou encore comme une chanson sur un sujet tendre et touchant. C'est donc un effet de naïveté, de simplicité, voire de niaiserie que Verlaine affiche au seuil du recueil, rappelant la profession de foi de Rimbaud formulée dans « Alchimie du verbe » : « J'aimais les peintures idiotes, [...] la littérature démodée, latin d'église, livres érotiques sans orthographe, romans de nos aïeules, contes de fées, petits livres de l'enfance, opéras vieux, refrains niais, rythmes naïfs ».

Le choix du titre évoque aussi un élan de musicalité évidente puisque ce tour est directement emprunté à une pièce musicale de Mendelssohn, *Lieder ohne Wörter*, littéralement « romances sans paroles ». Cette référence, cependant, affilie moins le recueil de Verlaine à un compositeur particulier qu'à un genre musical en vogue au XIXe siècle. Le Littré définit ainsi la « romance sans paroles », comme un « morceau de piano ou de quelque instrument, assez court et présentant un motif gracieux et chantant. Mendelssohn a composé des romances sans paroles. » Verlaine s'empare de la formule comme d'un poncif tombé dans le domaine public mais il en revivifie le sens en l'appliquant à la poésie.

Ce qui intéresse Verlaine dans ce titre, d'abord attribué à la première section du recueil tardivement rebaptisée « Ariettes oubliées » (p. 95), c'est la relation de la poésie à la musique et au chant comme l'indique la référence aux « ariettes », définies comme des airs vifs et légers, chantés par une seule voix et accompagnés d'un seul instrument, qui, aux XVIIᵉ et XVIIIᵉ siècles, alternaient avec le texte d'une comédie ou venaient interrompre le dialogue parlé d'un opéra-comique.

La musique verlainienne, on le voit, n'est pas purement instrumentale, elle implique un rapport à la parole, fortement paradoxal, il est vrai, puisque cette parole n'est convoquée que sur le mode de l'absence et de l'effacement, comme l'indique, dans le titre, la préposition « sans ». Ce discrédit jeté sur les « paroles » souvent amères s'accompagne d'une célébration de la voix qui chante, du motif du « murmure », du « cri doux », du « chœur des petites voix », du « roulis sourd » et de « l'air monotone » des éléments naturels.

Les titres des recueils de Verlaine empruntent autant à la musique qu'à la peinture : ils introduisent des poèmes à l'esthétique hybride. Puisant ses sources d'inspiration dans la mythologie, l'astrologie, les légendes germaniques, mais aussi dans le XVIIIᵉ et le XIXᵉ siècle français, Verlaine trouve en des temps révolus un contrepoint efficace aux conventions mensongères du monde présent.

LE LYRISME VERLAINIEN

Étymologiquement apparié au mot « lyre », instrument d'Apollon, dieu des poètes, de l'harmonie et de la musique, le terme de lyrisme rappelle qu'à l'origine, la poésie était chantée et accompagnée d'instruments. La lyre est aussi l'instrument d'Orphée, qui fait le lien entre les dieux et les hommes et pose le poète comme un être à part[1]. Si le lyrisme est le régime privilégié de la parole poétique, c'est qu'il associe étroitement le chant et l'émotion. En effet, le lyrisme se définit comme l'expression des sentiments, en lien avec la musique. Qui dit lyrisme dit jaillissement glorieux de la sensibilité, participation du moi aux lois harmoniques de l'univers, élévation enfin à « cette intensité de vie où l'âme chante » et vibre à l'unisson du langage et du monde. Si la tradition lyrique se réfère au moi, au paysage et au chant, la question de l'appartenance des trois recueils de Verlaine au registre lyrique demeure pourtant problématique :

---

1. Dans la mythologie antique, les dieux accordent à Orphée la possibilité de ramener des Enfers sa femme Eurydice, morte d'une piqûre de serpent.

à l'instar de ses contemporains, le poète frustre en effet perpétuellement l'attente lyrique en ne reprenant ces catégories que pour les subvertir et les vider de leur contenu.

LE MOI

Dans la tradition lyrique, la poésie est l'une des formes de l'intuition du divin. Élu des dieux, le poète est le seul à pouvoir pénétrer le secret de la nature vivante, à traduire dans le langage de l'unité les mystérieux accords qui règlent les mouvements du monde. Célébrant cette communion étroite de la nature et de l'âme sensible, le poète s'authentifie lui-même dans l'univers inentamé qu'il chante et glorifie.

Or, chez Verlaine, la malédiction du poète surpasse de loin son élection. Il place son premier recueil sous le signe de Saturne et de son « Influence maligne » (p. 7, v. 20) ; « Melancholia » (p. 13) titre la première partie des *Poèmes saturniens* et le sonnet « L'Angoisse » (p. 20) se clôt sur ce tercet :

> Lasse de vivre, ayant peur de mourir, pareille
> Au brick perdu jouet du flux et du reflux,
> Mon âme pour d'affreux naufrages appareille (v. 12-14).

À l'image de ses contemporains, Verlaine ne retient de l'expérience poétique que son versant nocturne, dont les composantes les plus noires sont la folie, la douleur et l'ennui. Dans une suite d'articles consacrés à ceux que Verlaine considère comme des « Poètes maudits » (Corbière, Rimbaud, Mallarmé, Desbordes-Valmore, Villiers de l'Isle-Adam), le poète s'inclut lui-même à la série sous le pseudonyme de « Pauvre Lélian ». Loin des vagues tristesses romantiques, la mélancolie saturnienne est l'expression d'une angoisse née de la perte du sacré et de la chute irrémédiable dans le règne du relatif. En proie à une véritable crise de l'être, le poète n'est plus un dieu mais un pitre, un « rêvasseur » aussi « odieux et ridicule » que les « Grotesques » (p. 25-26) dont les « chants bizarres » (v. 15) expriment

> L'amour des choses éternelles,
> Des vieux morts et des anciens dieux !
>
> – Donc, allez, vagabonds sans trêves,
> Errez, funestes et maudits,

> Le long des gouffres et des grèves,
> Sous l'œil fermé des paradis ! (v. 19-24).

Inapte à saisir autre chose que le gouffre qui le déchire, le poète maudit est nostalgique d'un Éden auquel il continue d'aspirer ardemment. Exilé dans l'imparfait, il conserve « sous [son] front le rêve inachevé des Dieux » (« Prologue », p. 11, v. 76), hanté par le souvenir de l'idéal. La quête de l'infini condamne le maudit à une infinie errance. Au jaillissement rythmique et harmonieux du lyrisme primordial se substituent la fausse note, le timbre dissonant, la « voix aigre et fausse » (« Sérénade », p. 43, v. 4), dont les accords criards sont les reflets d'un monde désaccordé.

Inhérente au tempérament poétique, la malédiction désigne donc une fatalité interne liée à l'épuisement et au dégoût de vivre et une fatalité externe qu'exprime l'éloignement où se tient le public. Autrefois « héros altiers » (« Prologue », p. 9, v. 24), les poètes guerriers domptaient « les esprits et les cœurs et les âmes toujours, / Ainsi qu'Orpheus domptait les tigres et les ours » (v. 35-36). Aujourd'hui parias, les poètes se séparent des hommes qui s'écartent d'eux :

> C'est qu'ils ont à la fin compris qu'il ne faut plus
> Mêler leur note pure aux cris irrésolus
> Que va poussant la foule obscène et violente,
> Et que l'isolement sied à leur marche lente (p. 11, v. 79-82).

Traîtres à la tribu, montrés du doigt par les bourgeois, les poètes sont des monstres, des pauvres fous qui dénoncent vainement la risible étroitesse d'une idéologie sociale réglée sur la médiocrité et le consensus. Ainsi de Monsieur Prudhomme qui excommunie le poète au nom d'une vision convenue et marchande du monde mais dont l'acte d'exclusion révèle la gravité ridicule et la bêtise :

> Quant aux faiseurs de vers, ces vauriens, ces maroufles,
>
> Ces fainéants barbus, mal peignés, il les a
> Plus en horreur que son éternel coryza,
> Et le printemps en fleur brille sur ses pantoufles (p. 40, v. 11-14).

La *canaillocratie* littéraire, exclue de la communauté des hommes, mise au ban de la société, traîne son cortège de fous, de pauvres diables et autres vagabonds, condamnés par des institutions qui les regardent de haut. Mais, à la position privilégiée du prédicateur, détenteur d'un Sens des Sens, le gueux oppose l'impureté comme valeur, la bâtardise et l'errance comme fondement d'une parole libre et toujours risquée.

Si la déchéance dans l'alcool, la débauche et la vie errante sont le lot du poète maudit, sa solitude malheureuse devient paradoxalement un objet de beauté. Aussi la mélancolie est-elle à la fois une épreuve et un privilège puisque la douleur se traduit non par le repli sur soi, mais par l'expression créatrice. Les plaintes des « Grotesques » deviennent « chants bizarres » (p. 25, v. 15) et nasillards, convertissant la misère des exclus du panthéon des Arts en fait poétique. Ainsi chaque poème fait entendre, comme assourdi par la nostalgie, les regrets et les rêves, toute une gamme de sons vagues et ouatés, de la « plainte sempiternelle » du vieux tremble (« Après trois ans », p. 15, v. 8) à l'« air bien vieux, bien faible et bien charmant [qui]/Rôde discret, épeuré quasiment » (« Ariette V », p. 99, v. 4-5). Privés de résonance, les « chants voilés » (« Nuit du Walpurgis classique », p. 30, v. 17) de Verlaine sont tout en délicatesse et en nuances, reproduisant les arabesques mélancoliques de l'incantation.

LE LIEU ET LE MOMENT

Alors que le moment de prédilection des grands poètes lyriques était matinal et auroral, à l'image de l'éveil de l'homme dans un monde primitif et inentamé, l'instant verlainien est essentiellement crépusculaire. Poète des « lueurs sourdes » (« L'Heure du berger », p. 33, v. 11), du « jour trouble » (« Ariette II », p. 96, v. 7) et de l'« aube affaiblie » (« Soleils couchants », p. 27, v. 1), Verlaine tamise ses paysages de buées, de voiles, de brumes et de fumées qui installent un écran d'apparences trompeuses entre la conscience et l'espace. Dans la clarté louche de la « lumière obscure » (« Ariette VI », p. 100, v. 6), de la « neige incertaine » (« Ariette VIII », p. 103, v. 3) et des « rais indécis » (« La Mort de Philippe II », p. 58, v. 35), il ne reste plus rien du paysage, forme fuyante diluée dans le vague et le flou.

Le brouillage généralisé des contours est caractéristique du goût symboliste pour l'« effet de nuit » (voir le poème p. 24), le clair-obscur, l'ombre portée qui rend indécise et précaire l'identité des êtres et la consistance des espaces. Le climat d'indétermination créé par les jeux d'ombre et de lumière sanctionne l'effondrement général des repères spatiaux et temporels. Dans le balancement mortifère des « jeunes et vieilles heures » (« Ariette II », p. 96, v. 11), la conscience, devenue aussi grise que la plainte qu'elle exhale, est vidée de toute consistance identitaire. Le rapport de l'âme au paysage ne consacre plus que la perte du sentiment de soi. On le voit, notamment dans « L'Angoisse » (p. 19), la Nature, si chère aux romantiques, n'a plus rien de l'Éden glorieux dans lequel la conscience poétique exaltait majestueusement sa grandeur :

> Nature, rien de toi ne m'émeut, ni les champs
> Nourriciers, ni l'écho vermeil des pastorales
> Siciliennes, ni les pompes aurorales,
> Ni la solennité dolente des couchants (v. 1-4).

C'est moins la Nature en tant que telle qui est congédiée qu'une façon grandiloquente et stéréotypée de la mettre en scène. Verlaine situe nombre de ses poèmes dans des paysages naturels, qu'il s'agisse de la plaine (« Effet de nuit », p. 24), des champs (« Soleils couchants », p. 27), des marais (« Promenade sentimentale », p. 28), des grèves (« Soleils couchants », p. 27), des bois (« Dans les bois », p. 47) ou des jardins (« Crépuscule du soir mystique », p. 28). Cependant, ayant perdu tout pittoresque, le paysage naturel est réduit à une esquisse si indéfinissable qu'elle est frappée d'irréalité.

Des nuages « cuivreux et roux » (« Nocturne parisien », p. 50, v. 46) aux subtiles variations d'un « ciel mat et rouge qui brunit » (« La Mort de Philippe II », p. 57, v. 8), l'intensité des couleurs est toujours atténuée par des teintes moins vives et moins brutales qui leur ôtent tout éclat. Les tons blafards, les rayons blêmes, les brumes laiteuses enveloppent l'horizon d'un voile gris et bleuté que le frissonnement des eaux et du vent anime très légèrement. Les formes sont mouvantes comme les couleurs, aussi changeantes qu'insaisissables. Cet art de la demi-teinte qui caractérise si profondément l'esthétique verlainienne renforce la fausseté d'un paysage à la fois présent et absent.

Avec Verlaine, on est très loin du paysage-état d'âme tel qu'il était pensé par les romantiques. L'espace n'est plus seulement le témoin de l'intériorité vagabonde du poète, ou la simple métaphore d'un état mélancolique ou extatique. Chez Verlaine, l'espace est littéralement intériorisé par la conscience, comme avalé par l'âme qui *devient* paysage. L'inverse est aussi vrai puisque le paysage souvent s'anime et se pare de tous les attributs de l'être, comme c'est le cas dans « L'ombre des arbres dans la rivière embrumée… » :

> Combien, ô voyageur, ce paysage blême
> Te mira blême toi-même,
> Et que tristes pleuraient dans les hautes feuillées
> Tes espérances noyées ! (p. 104, v. 5-8).

La réification du moi dans la grisaille anonyme d'une extériorité insituable renvoie le sujet à l'inquiétante et hésitante énigme de son identité. Dilué dans le marais équivoque d'un paysage si informe que l'intériorité ne peut plus s'y saisir, le sujet verlainien est littéralement dépersonnalisé, aussi mort à lui-même qu'un défunt ou un *nouveau-né* sans visage et sans nom, sans histoire et surtout sans paroles :

> Je suis un berceau
> Qu'une main balance
> Au creux d'un caveau :
> Silence, silence [1] ! (v. 9-12).

Lumières indécises, couleurs affadies, contours brouillés : on le voit, la poésie verlainienne doit beaucoup à la peinture dont elle emprunte le lexique et les modes de représentation. Certains titres des *Poèmes saturniens* sont révélateurs de cet emprunt à l'univers pictural : « eaux-fortes », « croquis », « marine », « effet », « grotesques », « paysage », « caprices » appartiennent au lexique spécialisé des peintres. Le terme « eaux-fortes », par exemple, renvoie au genre particulier de la gravure, dont le contour est creusé à l'acide, sur bois ou métal, avant d'être empli d'encre. Les graveurs d'eaux-fortes les plus illustres sont Albrecht Dürer (1471-1528), célébré pour sa *Melencolia I* (c'est aussi le titre d'un ensemble de poèmes de Verlaine), mais aussi Jacques Callot (1592-1635)

---

[1]. Extrait du poème « Un grand sommeil noir… » tiré du recueil *Sagesse* (1881).

et Francisco de Goya (1746-1828) connus pour leurs *Caprices*, terme que Verlaine a repris à son compte dans l'une de ses sections (p. 35).

Le poème « Croquis parisien » (p. 21) reproduit, par son camaïeu de gris et de noir, les effets monochromatiques de l'eau-forte. Les formes anguleuses des « hauts toits pointus » (v. 4), des « bouts de fumée en forme de cinq » (v. 3) et des « angles obtus » (v. 2) produits par les reflets lunaires suggèrent le tracé caractéristique de ces gravures aux contours un peu rudes. Le poème « Effet de nuit » (p. 24) fait référence à une technique picturale par laquelle un peintre cherche à imiter l'obscurité de la nuit, comme dans *La Ronde de nuit* (1642) de Rembrandt où le jeu de contrastes entre l'ombre et la lumière met en relief certains éléments de la composition. Si « Effet de nuit » n'est pas à proprement parler une ekphrasis [1], le poème se rattache à la tradition picturale des *Grotesques* de Goya et de Callot. Ce camaïeu en gris et noir, qui décline toutes les nuances d'une teinte unique − « blafard », « lointain gris », « air noir », « fuligineux », « livide » −, multiplie les références au vocabulaire des peintres : le verbe « éteindre » (v. 3) signifie « estomper », le « fond d'ébauche » (v. 10) désigne le fond plus ou moins uniforme d'une toile de peintre, le terme « lointain » (v. 3) est un strict synonyme d'arrière-plan. Saturé de connecteurs spatiaux, le poème est lui-même composé comme un tableau, les formes des pendus se découpant au premier plan sur un fond de nuit haché par la ligne effilée des « flèches » (v. 2). La technique d'écriture est enfin mimétique de cet effet de tableau, les phrases nominales semblant restituer le poudroiement des touches de pinceau sur la toile.

LE CHANT

En proclamant, dans son « Art poétique », la suprématie de la musique sur les autres arts, Verlaine se réclame de l'antique alliance entre poésie et musique − celle-ci désignant, à la lettre, le parler des Muses. Si la poésie était chantée et accompagnée d'instruments, les formes poétiques antiques comme l'ode ou l'hymne étaient elles-mêmes des pièces musicales. Enfin la poésie écrite est aussi musique par ses rythmes, ses rimes, ses jeux sonores. Pour Verlaine donc, les poètes sont moins des hommes qui savent ou qui contemplent que des hommes qui chantent. Aussi

---

1. *Ekphrasis* : description d'une œuvre d'art existante.

le prologue des *Poèmes saturniens* célèbre-t-il « le groupe des Chan-teurs/Vêtus de blanc » (p. 11, v. 72-73) auquel la voix poétique veut se joindre. Les romances de Verlaine inspireront de nombreux compositeurs comme Debussy, Fauré ou Ravel.

La diversité des genres

Les titres des recueils, ceux des sections et de certains poèmes font expli-citement référence à la musique et au chant. *Romances sans paroles* fait allusion à une pièce instrumentale de Mendelssohn ; « Ariettes oubliées » renvoie aux airs de l'opéra comique. Dans « Sérénade » (p. 43) – et plus tard dans « Mandoline » (p. 84) – Verlaine parodie le genre topique de la sérénade, composition vocale que l'on interprétait la nuit sous les fenêtres d'une personne pour l'honorer ou la séduire :

> Comme la voix d'un mort qui chanterait
> Du fond de sa fosse,
> Maîtresse, entends monter vers ton retrait
> Ma voix aigre et fausse (v. 1-4).

Si le « retrait » désigne autant un appartement retiré qu'un lieu d'ai-sance, le poète serine un air burlesque qui dégrade autant le chant d'amour que l'image idéalisée et parfaitement consensuelle de la femme aimée que ce genre musical vulgarise à l'envi. Le détournement ludique du nocturne (« Nocturne parisien », p. 48), morceau de piano mélan-colique et rêveur évoquant l'atmosphère de la nuit, relève du même jeu parodique avec des modèles éculés. En lieu et place du piano tendre des romances, qui aurait, dans une toute autre veine, inspiré Chopin, l'orgue de Barbarie de « Nocturne parisien » « brame » (p. 51, v. 59), « ainsi qu'un ténor effaré » (v. 55) des rengaines populaires aux sons désaccordés :

> C'est écorché, c'est faux, c'est horrible, c'est dur,
> Et donnerait la fièvre à Rossini, pour sûr ;
> Ces rires sont traînés, ces plaintes sont hachées ;
> Sur une clef de sol impossible juchées,
> Les notes ont un rhume et les *do* sont des *la*,
> Mais qu'importe ! l'on pleure en entendant cela ! (v. 63-68).

Verlaine affectionne aussi la chanson, genre mineur et paramusical issu du folklore populaire (« Chanson d'automne », p. 32, « La Chanson des ingénues », p. 37), qui se caractérise notamment par la brièveté des mètres, la simplicité lexicale et syntaxique, l'alternance de couplets et de refrains. L'usage du vers court dans « Colombine » (p. 88) impose le retour fréquent des mots à la rime, faisant du poème un véritable camaïeu sonore où dominent les sifflantes et les assonances en [o] et en [u]. Le rythme allègre et sautillant suscité par l'alternance des mètres pairs (2) et impairs (5) est tout à fait caractéristique de la chanson, dont la veine populaire et comique est ici évidente :

> Léandre le sot,
> Pierrot qui d'un saut
> De puce
> Franchit le buisson,
> Cassandre sous son
> Capuce (v. 1-6).

La déconstruction du rythme

Ces procédés illustrent aussi une nouvelle conception de l'harmonie poétique, fondée sur la dissonance et le déséquilibre mélodique. Verlaine privilégie le rythme impair et les « accords/Harmonieusement dissonants dans l'ivresse » (« Nuit du Walpurgis classique », p. 30, v. 18-19). Si l'heptasyllabe n'est ni rare, ni propre à Verlaine et à ses contemporains, le poète n'hésite pas à user de mètres plus incongrus comme l'ennéasyllabe (vers de neuf syllabes) dans « Ariette II » (p. 96) et « Ariette V » (p. 99) ou l'hendécasyllabe (vers de onze syllabes) dans « Ariette IV » (p. 98). La discordance rythmique fait boiter le vers, introduisant une hésitation légèrement déceptive par rapport au rythme pair du décasyllabe ou de l'alexandrin. Dans « Ariette II » (p. 96), cette incertitude rythmique mime le balancement de l'âme indécise qui hésite à se donner la mort et voudrait mourir de cette incertitude. Elle convient parfaitement au climat général d'ambiguïté sexuelle qui baigne le poème :

> Ô mourir de cette mort seulette
> Que s'en vont, – cher amour qui t'épeures, –
> Balançant jeunes et vieilles heures !
> Ô mourir de cette escarpolette ! (v. 9-12).

Verlaine impose aussi un nouveau rythme aux vers traditionnels comme le décasyllabe et l'alexandrin en bouleversant leur armature logique et leur accentuation symétrique. Les exemples ne manquent pas de cette excentricité rythmique qui dérange les habitudes de la voix et de l'œil. Par la désarticulation constante de la syntaxe et du mètre (enjambements, rejets et contre-rejets) ou par le déplacement inattendu des césures et des coupes, Verlaine porte un tel coup à l'eurythmie classique qu'il contribue à faire basculer la poésie dans le siècle suivant.

Les potentialités de la rime

Comme le musicien, Verlaine exploite habilement toutes les modulations sonores d'un mot en plaçant à courte distance des termes aux profils phoniques presque identiques. Par la reprise d'un couplet, comme dans « *Nevermore* » (p. 45), ou la réduplication d'un mot dans « Ariette VII » – « Ô triste, triste était mon âme/À cause, à cause d'une femme » (p. 102, v. 1-2) – Verlaine installe un rythme lancinant. La paronomase – « Il *pleure* dans mon *cœur*/Comme il *pleut* sur la ville » (« Ariette III », p. 97, v. 1-2) – ou le polyptote – « Dans ce cœur qui s'écœure » (v. 10) – sont autant de figures destinées à faire sonner le vers en créant des jeux d'échos entre des termes de sens différents mais de structure phonétique similaire. Dans la section « Aquarelles », les titres « *Green* » (p. 116), « *Spleen* » (p. 117) et « *Streets* » (p. 117) reprennent le même motif sonore. L'harmonie imitative est aussi chère à Verlaine. Le premier vers de « *Green* » suggère le frou-frou des feuilles par l'allitération en [f] : « Voici des fruits, des fleurs, des feuilles et des branches » (p. 116, v. 1). Ainsi le poème ne prend pas seulement la musique pour thème, il constitue en lui-même un dispositif musical.

Les variations sur le motif sonore

Enfin il faut noter la prépondérance des perceptions auditives dans l'appréhension verlainienne du monde. L'« air mélancolique, un sourd, lent et doux air » (p. 30, v. 14) de l'un des « cors lointains » (v. 17) dans la « Nuit du Walpurgis classique », le chant berceur de « *Green* » (p. 116), les « doux chants » (p. 27, v. 6) de « Soleils couchants » reflètent le goût de Verlaine pour les mélodies nostalgiques et langoureuses, les berceuses, sonates et romances qui plongent l'âme dans la torpeur et semblent engourdir sa douleur. L'oreille exigeante et raffinée du poète capte les sons les plus délicats, du « frêle et frais murmure » qui « gazouille et susurre » au « cri doux/Que l'herbe agitée expire » (« Ariette I », p. 95, v. 7-10). Cette sensibilité au murmure de l'onde, au sanglot d'un jet d'eau, au chuchotement des feuilles est souvent rompue par l'aigreur d'une note aiguë qui déchire le silence des éléments. Dans la ville apaisée de « Nocturne parisien », le cri de l'orgue de barbarie, trois fois convoqué, vire à la cacophonie, au son affreux, contrastant de manière saisissante avec la vague rumeur urbaine :

> Tout bruit s'apaise autour. À peine un vague son
> Dit que la ville est là qui chante sa chanson, [...]
> – Puis, tout à coup, ainsi qu'un ténor effaré
> Lançant dans l'air bruni son cri désespéré,
> Son cri qui se lamente et se prolonge, et crie,
> Éclate en quelque coin l'orgue de Barbarie (p. 51, v. 51-58).

Du silence à son déchirement, les variations sur le motif sonore épousent avec exactitude les revirements de la conscience poétique. L'apaisement est toujours appelé et différé, rompu par quelque violence sonore. Dans cette harmonie brisée, c'est le registre lyrique qui se voit dévalué et confisqué.

GROUPEMENT DE TEXTES : LE LYRISME AMOUREUX

TEXTE 5 • « Sérénade », *Poèmes saturniens*

Comme la voix d'un mort qui chanterait...

> PAGE 43

1. Relevez les éléments qui semblent idéaliser la femme aimée. À quelle tradition de la lyrique amoureuse se rapportent-ils ?

2. Pourquoi peut-on dire que ce chant est un faux éloge ? Par quels termes la femme est-elle dépréciée ?

3. Analysez les effets produits par les répétitions de mots, de phrases, de strophes. Qu'est-ce qui contribue à faire de ce poème une sérénade ?

4. Étudiez toutes les expressions relatives à la musique et au chant. Pourquoi ce chant d'amour est-il parodique ?

TEXTE 6 • **« *Nevermore* », *Poèmes saturniens***

Allons, mon pauvre cœur…

> PAGE 45-46

1. Après avoir montré en quoi le souvenir du poète est essentiellement auditif, étudiez avec précision la juxtaposition des impressions sonores, visuelles et olfactives.

2. Pourquoi cette promenade est-elle à la fois sentimentale et musicale ? Analysez entre autres les rythmes et les rimes de ce poème.

3. Quels rapports lient la nature, l'amour et le chant ?

TEXTE 7 • **« À Clymène », *Fêtes galantes***

Mystiques barcarolles…

> PAGE 85

1. Quels rapports peut-on établir entre ce poème et le titre du recueil ?

2. En quoi ce poème peut-il être qualifié de « mystique barcarolle » ?

3. Montrez comment la femme est idéalisée et dématérialisée.

4. Quel est l'effet produit par l'anaphore de la conjonction « puisque » dans ce poème ?

TEXTE 8 • **« Ariette V », *Romances sans paroles***

Le piano que baise une main frêle…

> PAGE 99

1. Pourquoi peut-on dire de ce poème qu'il est une berceuse ?

2. Commentez l'effet produit par le choix des mètres dans ce poème. Quels rapports établir entre ce déséquilibre harmonique et les incertitudes de l'âme ?

3. Comment les motifs sonores et les impressions olfactives et visuelles s'entrelacent-ils ?

4. Montrez comment la femme aimée est évacuée au profit d'une nappe de sensations.

ARGUMENTER, COMMENTER, RÉDIGER

L'étude de l'argumentation dans l'œuvre intégrale privilégie deux objets.

■ **L'argumentation dans l'œuvre.** Chaque genre littéraire, chaque œuvre intégrale exprime un point de vue sur le monde. Un roman, une pièce de théâtre, un recueil de poésies peuvent défendre des thèses à caractère esthétique, politique, social, philosophique, religieux, etc. Ordonner les épisodes d'une œuvre intégrale, élaborer le système des personnages, recourir à tel ou tel procédé de style, c'est aussi, pour un auteur, se donner les moyens d'imposer un point de vue ou d'en combattre d'autres. Ce premier aspect est étudié dans une présentation synthétique adaptée à la particularité de l'œuvre étudiée.

■ **L'argumentation sur l'œuvre.** Après publication, les œuvres suscitent des sentiments qui s'expriment dans des lettres, des articles de presse, des ouvrages savants… Chaque réaction exprime donc un point de vue sur l'œuvre, loue ses qualités, blâme ses défauts ou ses excès, éclaire ses enjeux. Une série d'exercices permet d'analyser des réactions publiées à différentes époques, dans lesquelles les lecteurs de l'œuvre, à leur tour, entendent faire partager leurs enthousiasmes, leurs doutes ou leurs réserves.

Quelle vision du monde, quelles valeurs une œuvre véhicule-t-elle, et comment se donne-t-elle les moyens de les diffuser ? Quelles réactions a-t-elle suscitées, et comment les lecteurs successifs ont-ils voulu imposer leurs points de vue ? L'étude de l'argumentation dans l'œuvre et à propos de l'œuvre permet de répondre à cette double série de questions.

POÉSIE ET MODERNITÉ :
LE MÉTIER DE POÈTE AU XIXᵉ SIÈCLE

QU'EST-CE QU'UN POÈTE MODERNE ?

Jusqu'à la fin des années 1850, les contemporains de Verlaine identifiaient la modernité au romantisme. « Qui dit romantisme dit art moderne, – c'est-à-dire intimité, spiritualité, couleur, aspiration vers l'infini, exprimées par tous les moyens que contiennent les arts », écrit Baudelaire dans le *Salon* de 1846. Par ailleurs, la notion de modernité implique une sensibilité au présent, la poésie devant être résolument tournée vers l'Histoire. Engagé dans les conflits de son époque, l'artiste moderne est un militant. Sa parole dénonce les injustices sociales et la misère du peuple. Certains romantiques, comme Hugo, opposaient aux vices du présent une vision héroïque du poète, « rêveur sacré » capable de réveiller le peuple et d'agir sur les masses par l'usage d'un verbe immodéré, violent et agissant.

Le milieu du XIXᵉ siècle enregistre la fin de ce « sacre de l'écrivain ». Le poète n'est plus un dieu mais un pitre, un être déclassé qui se plaît à donner de lui-même l'image caricaturale et déformante d'un albatros (Baudelaire), d'un crapaud (Corbière), d'un pierrot (Laforgue) ou d'un grotesque (Verlaine). Le passage du poète sacré au poète maudit se traduit par une mise à l'écart de l'artiste. Tombé en disgrâce, il est marginalisé par la société mercantile et bourgeoise du Second Empire. La modernité, dès lors, et surtout à partir de Baudelaire, se caractérise de deux façons, par une crise du poète et du poème, mais aussi par le rejet du présent et la critique de l'honorabilité bourgeoise.

Verlaine est parfaitement sensible à cette dégradation du statut du poète et à cette crise de l'action poétique. Dans les *Poèmes saturniens*, le « chétif trouvère de Paris » (« Il Bacio », p. 47, v. 13) succède au « Trouvère héroïque » des temps jadis (« Prologue », p. 9, v. 39). Le poète, autrefois élevé à la dignité du guerrier, n'est plus apte à offrir à sa belle qu'un « bouquet de strophes enfantines » (« Il Bacio », p. 47, v. 14) ou à lui chanter de sa « voix aigre et fausse » un air de pacotille (« Sérénade », p. 43, v. 4). Détrôné de son statut glorieux, l'artiste est souvent représenté en mendiant réfractaire au confort social et aux convenances morales. Pour Monsieur Prudhomme, représentant ridicule de la bourgeoisie « juste-milieu » (p. 40, v. 10) du Second Empire, les poètes sont des « faiseurs de vers » (v. 11), des « fainéants » (v. 12), des artisans nuisibles, paresseux et improductifs, parfaitement incapables d'occuper une « position » dans la société.

ÊTRE POÈTE DANS LA SOCIÉTÉ BOURGEOISE

Ce portrait du poète en paria et en fou reflète de manière à peine caricaturale la difficile condition du métier d'artiste au xixe siècle. Comme bon nombre d'écrivains, Verlaine a toute sa vie échoué à vivre de sa plume. En proie aux plus grandes difficultés matérielles, il écrit à son ami Lepelletier : « je suis un homme de lettres CONNU et mourant quasiment de faim. » Et de fait, Verlaine a passé les dernières années de sa vie dans la misère la plus noire, partagé entre l'Assistance publique et les taudis lépreux où il logeait la nuit. Ses contemporains le peignent souvent en vieillard ivrogne, infirme et sublime, en clochard bourru à la gloire malheureuse, ignoré par les institutions officielles et le public de son temps. Dans *Portraits de famille*, Léon Paul Fargue dresse le portrait de Verlaine en « passant grotesque et somptueux », en « ange qui se voyait déchu, qui descendait quasiment à plaisir dans les abîmes, qui plongeait dans l'alcool, qui accélérait, comme on dit aujourd'hui, un caractère qu'il n'avait assurément pas à l'origine. » Verlaine incarne de son vivant la figure archétypale du poète maudit, au dos usé, à la parole brisée, à la triste misère, dont on retrouve la trace dans ses divers recueils.

Les *Poèmes saturniens* s'ouvrent dès le « Prologue » sur ce thème de l'isolement et de la déchéance du poète. Verlaine attribue cette détérioration du statut social et moral de l'artiste à la rupture du « pacte primitif » qui fiançait l'Action au Rêve (p. 10, v. 52). Le verbe poétique n'est plus agissant, il ne trouble plus l'ordre du monde. Aussi le poète s'en exile-t-il radicalement et ses « prunelles »

> Ne sauraient s'abaisser une heure seulement
> Sur le honteux conflit des besognes vulgaires
> Et sur vos vanités plates ; et si naguères
> On le vit au milieu des hommes, épousant
> Leurs querelles, pleurant avec eux, les poussant
> Aux guerres, célébrant l'orgueil des Républiques […]
> C'est qu'il se méprenait alors sur l'âme humaine
> (p. 11-12, v. 88-101).

Le « funeste [...] divorce/De l'Harmonie immense et bleue et de la Force » (p. 10, v. 53-54) se traduit par le retrait du monde et le refuge dans « l'amour du Beau » (p. 11, v. 83). Le poète artisan se concentre sur le travail formel pour dire l'état de la conscience malheureuse et en même temps la démentir par la perfection de la forme. C'est par « l'étude sans trêve » (« Épilogue ») que l'artiste pourra faire éclore une beauté monumentale et résistante aux vicissitudes de l'Histoire :

> Ce qu'il nous faut à nous, c'est l'étude sans trêve,
> C'est l'effort inouï, le combat nonpareil,
> C'est la nuit, l'âpre nuit du travail, d'où se lève
> Lentement, lentement, l'Œuvre, ainsi qu'un soleil !
> (p. 67, v. 29-32).

Suivant les préceptes des parnassiens, le poète doit ainsi composer « des vers émus très froidement » (p. 66, v. 18), creuser à même « le bloc vierge du Beau » (p. 67, v. 38) pour en extraire un suc poétique aussi parfait qu'immaculé. L'évasion de Verlaine dans la perfection rêvée par les tenants de l'Art pour l'Art ne fut qu'un engagement provisoire. Mais elle témoigne d'une mise en question du monde moderne qui, chez Verlaine, trouve son aboutissement le plus radical dans les *Romances sans paroles*. Le poète s'évade du quotidien dans le voyage et fantasme sa fuite. Le déplacement spatial systématique et continu figure le désir de s'arracher à la médiocrité de l'ici et du maintenant. Les *Fêtes galantes* opposent également au temps quotidien le temps de la fête, inversion et évasion de la quotidienneté. L'illusion consiste à croire que la course a un terme, que le monde livrera un jour son secret, que le poète s'ajustera au présent comme le masque au visage. Revêtue des oripeaux de la bohème, la conscience poétique rejoue dans ce nomadisme fondamental « cette longue querelle [...] de l'Ordre et de l'Aventure[1] » qui continue d'agiter la poésie depuis Baudelaire.

---

1. Apollinaire, « La Jolie Rousse », *Calligrammes*, Paris, Gallimard, 1925, rééd. 1966, p. 183.

GROUPEMENT DE TEXTES : JUGEMENTS CRITIQUES

TEXTE 9 . Théodore de Banville, article du *National* (19 avril 1869)

Mais il est des esprits affolés d'art, épris de la poésie plus que de
la nature, qui, pareils au nautonier de l'*Embarquement pour Cythère*,
au fond même des bois tout vivants et frémissants rêvent aux magies
de la peinture et des décors ; qui, entendant chanter le rossignol
5 et murmurer le zéphyr, regrettent les accords des harpes et des luths,
et qui, même dans les antres sauvages, dans les retraites sacrées des
nymphes échevelées et nues, veulent des Amintes et des Cydalises
savamment coiffées et vêtues de longues robes de satin couleur de
pourpre et couleur de rose ! À ceux-là je dirai : emportez avec vous
10 les *Fêtes galantes* de Paul Verlaine, et ce petit livre de magicien vous
rendra suave, harmonieux et délicieusement triste, tout le monde
idéal et enchanté du divin maître des comédies amoureuses, du
grand et sublime Watteau.

1. La figure de style de l'expression « délicieusement triste » vous paraît-
elle rendre compte de la spécificité de la fête galante verlainienne ?

2. Pour Banville, Verlaine fait partie de ces « esprits affolés d'art, épris
de la poésie plus que de la nature. » En vous appuyant sur votre lecture
des *Fêtes galantes*, expliquez et discutez ce jugement de Banville.

TEXTE 10 . Émile Blémont, article du *Rappel* (16 avril 1874)

Nous venons de recevoir les *Romances sans paroles* de Paul Verlaine.
C'est encore de la musique, musique souvent bizarre, triste toujours,
et qui semble l'écho de mystérieuses douleurs. Parfois une singulière originalité, parfois une malheureuse affectation de naïveté ou
5 de morbidesse. Voici une des plus jolies mélodies de ces *Romances* :

Le piano que baise une main frêle
Luit dans le soir rose et gris vaguement,
Tandis qu'avec un très léger bruit d'aile
Un air bien vieux, bien faible et bien charmant
10 Rôde discret, épeuré quasiment,
Par le boudoir longtemps parfumé d'Elle.

Cela n'est-il pas musical, très musical, maladivement musical ?
Il ne faut pas s'attarder dans ce boudoir.

1. Cet article de presse constitue-t-il un éloge ou une critique du recueil ?

2. Pourquoi le journaliste reproche-t-il à la poésie de Verlaine sa naïveté ? Quels poèmes de *Romances sans paroles* vous paraissent illustrer cet effet de naïveté ? Justifiez votre réponse à l'aide d'extraits précis des poèmes du recueil.

3. D'après ce critique, les mélodies de Verlaine sont « l'écho de mystérieuses douleurs ». Ce lien posé entre la musique, la mélancolie et le mystère vous semble-t-il correspondre à l'esthétique verlainienne ? Justifiez votre réponse à l'aide d'extraits précis de *Romances sans paroles*.

TEXTE 11 ● Joris-Karl Huysmans, *À Rebours*, chapitre XIV (1884)

Le héros du roman de Huysmans, Des Esseintes, aristocrate décadent qui vit à l'écart des hommes, est friand de Paul Verlaine qu'il lit dans la solitude de Fontenay-aux Roses.

Aussi, forcément, après les maîtres, s'adressait-il à quelques écrivains que lui rendait encore plus propices et plus chers, le mépris dans lequel les tenait un public incapable de les comprendre.

L'un d'eux, Paul Verlaine, avait jadis débuté par un volume
5 de vers, les *Poèmes Saturniens,* un volume presque débile, où se coudoyaient des pastiches de Leconte de Lisle et des exercices de rhétorique romantique, mais où filtrait déjà, au travers de certaines pièces, telles que le sonnet intitulé « Rêve familier », la réelle personnalité du poète. [...]

10 Muni de rimes obtenues par des temps de verbes, quelquefois même par de longs adverbes précédés d'un monosyllabe d'où ils tombaient comme du rebord d'une pierre, en une cascade pesante d'eau, son vers, coupé par d'invraisemblables césures, devenait souvent singulièrement abstrus, avec ses ellipses audacieuses et ses
15 étranges incorrections qui n'étaient point cependant sans grâce.

Maniant mieux que pas un la métrique, il avait tenté de rajeunir les poèmes à forme fixe ; le sonnet qu'il retournait, la queue en l'air, de même que certains poissons japonais en terre polychrome qui posent sur leur socle, les ouïes en bas ; ou bien il le dépravait,
20 en n'accouplant que des rimes masculines pour lesquelles il semblait éprouver une affection ; il avait également et souvent usé d'une forme bizarre, d'une strophe de trois vers dont le médian

restait privé de rime, et d'un tercet, monorime, suivi d'un unique
vers, jeté en guise de refrain et se faisant écho avec lui-même tels
25 que les *Streets* : « Dansons la Gigue » ; il avait employé d'autres
rythmes encore où le timbre presque effacé ne s'entendait plus que
dans des strophes lointaines, comme un son éteint de cloche.

Mais sa personnalité résidait surtout en ceci : qu'il avait pu
exprimer de vagues et délicieuses confidences, à mi-voix, au crépus-
30 cule. Seul, il avait pu laisser deviner certains au-delà troublants
d'âme, des chuchotements si bas de pensées, des aveux si murmurés,
si interrompus, que l'oreille qui les percevait, demeurait hésitante,
coulant à l'âme des langueurs avivées par le mystère de ce souffle
plus deviné que senti. [...] Ce n'était plus l'horizon immense ouvert
35 par les inoubliables portes de Baudelaire, c'était, sous un clair de
lune, une fente entrebâillée sur un champ plus restreint et plus
intime, en somme particulier à l'auteur.

1. Selon Des Esseintes, quelles sont les innovations poétiques appor-
tées par Verlaine ? Trouvez pour chacune d'elles un exemple, tiré des
recueils, qui serait susceptible de les illustrer.

2. Pour quelles raisons Des Esseintes affirme-t-il que la singularité
poétique de Verlaine est d'« exprimer de vagues et délicieuses confidences, à mi-voix, au crépuscule » ? Ce jugement vous semble-t-il perti-
nent ? Justifiez votre réponse dans un paragraphe argumenté.

TEXTE 12 ● Jean-Michel Maulpoix, « Un passant peu considérable ? », *La Poésie malgré tout* (1996)

© Mercure de France.

Si Verlaine a le goût des vers bien travaillés et des formes savantes,
il accorde trop de prix aux impressions vagues et aux nuances de
l'âme, à la fugacité du sentiment et au charme de la mélodie pour
jamais se faire un dogme de l'impassibilité. De même, son œuvre
5 reste trop personnelle et trop résolument « naïve » (au moins dans
son apparence) pour se lancer à la poursuite des analogies complexes
et des « impollués vocables » dont s'enchanteront les symbolistes.
Ainsi fait-il avant tout figure de « passeur », autant que de passant,
par les innovations techniques dont il a su se rendre capable et dont
10 ses successeurs tireront profit. Pour dire le fugitif et l'impondé-

rable auxquels manque toujours une voix juste, pour suggérer au lieu de décrire, pour donner à éprouver un sentiment au lieu de l'exprimer, Verlaine s'est doté d'une langue poétique nouvelle, en accord avec les exigences de sa sensibilité propre. Son esthétique
15 excelle dans la naïveté feinte ; un mot la résume : *méprise*.

Privilégiant l'élément musical par rapport à l'image, amenuisant la rime, assouplissant l'alexandrin, généralisant l'emploi des vers impairs, multipliant les négligences savantes, allégeant la syntaxe, faisant boiter le rythme, usant volontiers d'un lexique
20 archaïque, ayant recours parfois au style parlé et aux tournures populaires, Verlaine donne l'illusion d'une langue immédiate et directe qui serait la langue même de l'âme, c'est-à-dire des infinies ou indéfinies nuances de la vie intérieure, plutôt que des idées ou des sentiments. Plus que sa subjectivité propre, elle-même
25 davantage murmurée que « dite », plus chantonnée que véritablement « exprimée », amincie et bientôt indistincte, il fait ainsi entendre la capacité singulière du langage à irréaliser ce qu'il touche. Il redécouvre, en fin de compte, la musique comme une ressource intime de la langue même. [...]
30 Le bonhomme verlainien ne croit plus au printemps ni aux « sentiments à fleur d'âme ». Il n'est lui-même qu'un être nu, passif et en perdition : le bohémien transi de sa propre langue. À l'état de lyrisme qui suppose bien de l'énergie, il a substitué la nuance, laquelle est infinie, et le charme qui « est toujours naissant ». À la
35 nature consolatrice, il oppose un pittoresque plus subtil qui spiritualise les apparences sensibles et qui confond musicalement l'âme et le paysage.

1. Montrez en quoi Jean-Michel Maulpoix considère que Verlaine s'écarte à la fois du Parnasse, du symbolisme et du romantisme.

2. Illustrez d'un exemple précis tiré des recueils chacune des innovations métriques de Verlaine « amenuisant la rime, assouplissant l'alexandrin, généralisant l'emploi des vers impairs, multipliant les négligences savantes, allégeant la syntaxe, faisant boiter le rythme, usant volontiers d'un lexique archaïque, ayant recours parfois au style parlé et aux tournures populaires ».

3. Quelle est, selon le critique Jean-Michel Maulpoix, la spécificité du lyrisme verlainien ?

SUJETS

INVENTION ET ARGUMENTATION

Sujet 1

Dans sa préface aux *Poèmes saturniens*, le chanteur Léo Ferré écrit à propos de Verlaine :

> La complaisance dans le malheur est un signe évident dans la création artistique. Le malheur luit, devant soi, l'on s'y jette et l'on s'y damne. Il n'est de beauté que dans la tristesse, aussi diversement sexuée soit-elle… Verlaine était beau comme Saturne[1].

En vous appuyant sur des références précises aux recueils de Verlaine ainsi que sur vos lectures personnelles, vous écrirez un dialogue opposant une personne qui pense que la mélancolie est nécessaire à la création poétique à une autre estimant au contraire qu'elle ne lui est pas essentielle.

Sujet 2

Dans son recueil *Jadis et Naguère* (1884), Verlaine propose un « Art poétique » :

> Rien de plus cher que la chanson grise
> Où l'Indécis au Précis se joint.

Composez une « chanson grise » à la manière de Verlaine.

■ Indications pour traiter le sujet
Vous devrez respecter les caractéristiques formelles de la chanson et veiller à créer un climat d'indétermination et de mélancolie à tous les niveaux, thématique, lexical mais aussi métrique.

---

1. Livre de Poche, 1961.

Sujet 3 : analyse d'image *(page 178)*

Verlaine compose souvent ses poèmes comme des tableaux. À votre tour, composez une courte description du tableau de Watteau, *L'Embarquement pour Cythère*, en répondant d'abord aux questions suivantes.

1. Comment le tableau est-il composé ? Déterminez les différents plans du tableau et identifiez ses principaux axes structurants (vertical, diagonal, courbe).

2. Décrivez les vêtements et les mouvements des personnages : à quel milieu social appartiennent-ils ? À votre avis, sont-ils en train de partir pour l'île de Cythère ou d'en revenir ?

3. Quelles sont les caractéristiques du paysage ? En quoi mêle-t-il fiction et réalité ?

Sujet 4 : analyse d'image *(page 179)*

1. Étudiez la position du personnage principal. En quoi représente-t-elle un état d'âme ?

2. À quels univers renvoient les objets qui entourent le personnage ? Pourquoi sont-ils ainsi éparpillés ?

3. En quoi le premier plan contraste-t-il avec l'arrière-plan du tableau ?

COMMENTAIRES

Sujet 5

TEXTE 13 • « Effet de nuit », *Poèmes saturniens*

La nuit. La pluie…

> PAGE 24

Après avoir répondu aux questions suivantes, vous présenterez un commentaire de ce texte.

1. Quel est l'effet produit par l'usage des phrases nominales ?

2. Relevez le vocabulaire qui se rapporte à la peinture. En quoi ce poème est-il composé comme un tableau ?

3. Relevez et commentez tous les termes qui contribuent à rendre ce paysage effrayant. Dans quelle tradition littéraire Verlaine s'inscrit-il ?

Sujet 6

TEXTE 14 • **« Monsieur Prudhomme »**, *Poèmes saturniens*

Il est grave : il est maire et père de famille…

> PAGE 39-40

Après avoir répondu aux questions suivantes, vous présenterez un commentaire de ce texte.

1. Relevez tous les éléments qui témoignent du caractère prosaïque de Monsieur Prudhomme et de Monsieur Machin. En quoi ces personnages sont-ils des caricatures de l'homme bourgeois ?

2. Quels procédés métriques et stylistiques renforcent cette satire de la bourgeoisie ? Vous commenterez notamment les enjambements et les répétitions.

3. Quelle est la place réservée aux poètes et à la poésie dans ce sonnet ? En quoi cette position marginale du poète dans la société de son temps fait-elle écho au titre du recueil et au prologue des *Poèmes saturniens* ?

Sujet 7

TEXTE 15 • **« Clair de lune »**, *Fêtes galantes*

Votre âme est un paysage choisi…

> PAGE 71

Après avoir répondu aux questions suivantes, vous présenterez un commentaire de ce texte.

1. Après avoir étudié de manière précise les relations de l'âme au paysage, identifiez les éléments qui féminisent le décor et le rendent énigmatique.

2. Relevez tous les procédés d'éloignement (social, spatial, temporel, spirituel) qui séparent le poète du monde qu'il décrit.

3. Étudiez le motif de l'artifice et de la théâtralité. En quoi les personnages jouent-ils la comédie du bonheur ?

4. En quoi ce poème se rapproche-t-il à la fois de la peinture et de la musique ?

Jean-Antoine Watteau (1684-1721), *Embarquement pour Cythère,*
huile sur toile, 1,29 x 1,94 m, Paris, Musée du Louvre.
ph © Gérard Blot/RMN

Albrecht Dürer (1471-1528), *Melencolia I* (1514), gravure, Londres,
The British Museum.
ph © British Museum, UK/The Bridgeman Art Library

DISSERTATIONS

Sujet 8

Théodore de Banville, dans son *Petit Traité de poésie française*, écrit au sujet de la poésie :

> Elle est à la fois Musique, Statuaire, Peinture, Éloquence ; elle doit charmer l'oreille, enchanter l'esprit, représenter les sons, imiter les couleurs, rendre les objets visibles, et exciter en nous les mouvements qu'il lui plaît d'y produire ; aussi est-elle le seul art complet, nécessaire, et qui contienne tous les autres.

En vous appuyant sur des références précises aux recueils de Verlaine, vous vous demanderez dans quelle mesure cette définition de la poésie, formulée par le poète parnassien Théodore de Banville, s'applique à l'art verlainien.

Sujet 9

> Née de l'affaiblissement du sacré, de la distance qui croît entre la conscience et le divin, la mélancolie est l'écharde dans la chair de cette modernité qui depuis les Grecs ne cesse de naître mais sans jamais en finir de se dégager de ses nostalgies, de ses regrets, de ses rêves. D'elle procède ce long cortège de cris, de gémissements, de rires, de chants bizarres, d'oriflammes mobiles dans la fumée qui passe par tous nos siècles, fécondant l'art[1].

Vous confronterez cette citation d'Yves Bonnefoy aux recueils de Verlaine.

Sujet 10

Commentant la naïveté feinte des derniers poèmes de Rimbaud, Verlaine écrit à ce sujet un texte en forme d'autoportrait :

> Après quelques séjours à Paris, puis diverses pérégrinations plus ou moins effrayantes, M. Rimbaud vira de bord et travailla (lui !) dans le naïf, le très et l'exprès trop simple, n'usant plus que d'as-

---

1. Yves Bonnefoy, préface à *La Mélancolie au miroir* de Jean Starobinski, Julliard, 1989, rééd. 1997, p. 7-8.

sonances, de mots vagues, de phrases enfantines ou populaires.
Il accomplit des prodiges de ténuité, de flou vrai, de charmant
presque inappréciable à force d'être grêle ou fluet[1].

Vous montrerez que ce jugement de Verlaine sur Rimbaud constitue
en fait la meilleure critique de ses propres vers.

1. Paul Verlaine, *Les Poètes maudits* in *Œuvres en prose complètes*, texte établi par Jacques Borel, Gallimard, « Bibliothèque de la Pléiade », 1972, p. 650.

LISTE DES POÈMES

POÈMES SATURNIENS

FÊTES GALANTES

ROMANCES SANS PAROLES

Ariettes oubliées

Paysages belges

Birds in the night

Aquarelles

BIBLIOGRAPHIE

Éditions de référence

VERLAINE Paul, *Œuvres poétiques complètes*, texte établi par Y.-G. Le Dantec, éd. révisée par Jacques Borel, Paris, Gallimard, « Bibliothèque de la Pléiade », 1962.

VERLAINE Paul, *Œuvres poétiques*, texte établi par Jacques Robichez, Paris, Classiques Garnier, 1987.

VERLAINE Paul, *Œuvres en prose complètes*, texte établi par Jacques Borel, Paris, Gallimard, « Bibliothèque de la Pléiade », 1972.

VERLAINE Paul, *Romances sans paroles*, texte établi par Steve Murphy, Paris, H. Champion, 2003.

VERLAINE Paul, Fêtes galantes, Romances sans paroles *précédés de* Poèmes saturniens, édition établie par Jacques Borel, Paris, Gallimard, coll. « Poésie », 1973.

Études sur Verlaine

BUFFARD-MORET Brigitte, *La Chanson poétique du* XIXe *siècle : origine, statut et formes*, Rennes, Presses universitaires de Rennes, 2006.

DUBOIS Claudine, *Études sur Paul Verlaine*, Poèmes saturniens, Paris, Ellipses, 1998.

DRILLON Jacques, *Tombeau de Verlaine*, Paris, Promeneur, 1996.

RICHARD Jean-Pierre, « Fadeur de Verlaine », in *Poésie et Profondeur*, Paris, Le Seuil, 1955.

SOULIE-LAPEYRE Paule, *Le Vague et l'aigu dans la perception verlainienne*, Paris, Belles Lettres, 1975.

Verlaine, 1896-1996, actes du colloque international, 6-8 juin 1996, Paris, Klincksieck, 1998.

Verlaine à la loupe, actes du colloque de Cerisy, 11-18 juillet 1996, Centre culturel international Cerisy-la-Salle, Paris, H. Champion, 2000

Paul Verlaine, actes du colloque de la Sorbonne, sous la direction de P. Brunel et A. Guyaux, Presses de l'Université de Paris-Sorbonne, coll. « Mémoires de la critique », 2004.

Étude sur Watteau

TOLNAY Charles de, « *L'Embarquement pour Cythère* de Watteau au Louvre », *Gazette des Beaux-Arts*, février 1955, vol. XLV-VI, p. 91-102.

COLLECTION CLASSIQUES & CIE

Achevé d'imprimer par L.E.G.O. S.p.A. - Lavis (TN) - Italie
Dépôt légal: 96219-6/03 - Mars 2013